16	3	2	13
5	10	11	8
9	6	7	12
4	15	14	1

Lúcio Kowarick

ESCRITOS URBANOS

Fotografias
Tomás Rezende

editora■34

EDITORA 34

Editora 34 Ltda.
Rua Hungria, 592 Jardim Europa CEP 01455-000
São Paulo - SP Brasil Tel/Fax (11) 3816-6777 www.editora34.com.br

Copyright © Editora 34 Ltda., 2000
Escritos urbanos © Lúcio Kowarick, 2000

A FOTOCÓPIA DE QUALQUER FOLHA DESTE LIVRO É ILEGAL E CONFIGURA UMA
APROPRIAÇÃO INDEVIDA DOS DIREITOS INTELECTUAIS E PATRIMONIAIS DO AUTOR.

Edição conforme o Acordo Ortográfico da Língua Portuguesa.

Capa, projeto gráfico e editoração eletrônica:
Bracher & Malta Produção Gráfica

Revisão:
Adrienne de Oliveira Firmo
Cide Piquet

1ª Edição - 2000, 2ª Edição - 2009

Catalogação na Fonte do Departamento Nacional do Livro
(Fundação Biblioteca Nacional, RJ, Brasil)

	Kowarick, Lúcio
K88e	Escritos urbanos / Lúcio Kowarick; fotografias de Tomás Rezende. — São Paulo: Ed. 34, 2000. 144 p.

Inclui bibliografia

ISBN 85-7326-163-3

1. Sociologia urbana. 2. Movimentos sociais. 3. Política urbana. 4. São Paulo (SP) - Condições sociais. I. Rezende, Tomás. II. Título.

CDD - 307.76

ESCRITOS URBANOS

Prefácio, *Licia do Prado Valladares* 7

Introdução: Uma trajetória de pesquisa 13

1. Produção do espaço urbano e lutas sociais 19
   1.1. Exploração do trabalho e espoliação urbana 19
   1.2. Produção do espaço urbano e habitação popular 26
   1.3. Lutas sociais nos bairros e nas fábricas:
        elementos para discussão 33

2. As desventuras da cidadania 43
   2.1. Periferias etc... 43
   2.2. Desventuras 46
   2.3. Subcidadania 50

3. Lutas urbanas e movimentos populares 57
   3.1. Contradições urbanas e urbanização dependente 57
   3.2. Lutas urbanas e movimentos sociais 62

4. Os caminhos do encontro 69
   4.1. Contradições sociais e experiências 69
   4.2. Os momentos de fusão
        dos conflitos e reivindicações 73

5. Cidadão privado e subcidadão público 81
   5.1. Exclusão social e econômica 81
   5.2. Moradia: o mundo do cidadão privado 84
   5.3. A cidadania na metrópole do
        subdesenvolvimento industrializado 91

6. Fatias de nossa história recente 97
   6.1. O momento da resistência:
        as macrodeterminações 97
   6.2. O momento da transição:
        atores e movimentos sociais 104
   6.3. O momento da redemocratização:
        a questão da cidadania 108

7. Investigação urbana e sociedade:
comentários sobre *Nuestra América* 117
    7.1. Realidades 117
    7.2. Dominâncias 120
    7.3. Comentários 128

Referências bibliográficas 137

PREFÁCIO

Licia do Prado Valladares

Nos sete capítulos que compõem esta coletânea de textos, Lúcio Kowarick oferece ao leitor uma nova síntese das ideias que vem desenvolvendo desde os anos 1970, ao longo de sua rica trajetória acadêmica e intelectual. Retoma assim a noção de espoliação urbana e o tema do pauperismo acirrado com a derrocada econômica que se abre a partir de 1980. Rediscute o tema da cidadania, das lutas urbanas e suas conexões com os conflitos fabris. Volta a tratar da metropolização, da moradia popular e do padrão periférico de ocupação do solo urbano na metrópole. Assim, velhos e novos temas são aqui repensados e reciclados, à luz de um diálogo constante que o autor vem estabelecendo com a sociologia urbana e à luz das grandes transformações por que passa São Paulo, metrópole do "subdesenvolvimento industrializado".

Parece-nos muito pertinente que este tipo de exercício intelectual chegue ao grande público. Em se tratando de um autor cujas ideias vêm influenciando grande parte da pesquisa urbana realizada no Brasil e na América Latina, este repensar — aqui realizado com maestria — é, com efeito, um exercício que todo intelectual deveria fazer: leva-nos a melhor entender a evolução crítica do seu pensamento, as trilhas e caminhos por onde passou, as idas e vindas na sua leitura da realidade empírica e no seu diálogo com a teoria.

Para melhor acompanhar Lúcio Kowarick é preciso, no entanto, contextualizar sua contribuição frente ao debate nacional e internacional sobre o urbano nos países do hemisfério norte e no Brasil. A primeira das noções aqui retrabalhadas é a de espoliação urbana, introduzida no vocabulário da sociologia brasileira no final dos anos 1970, em livro do autor que carregava o mesmo título. À época o Brasil vivia o chamado "milagre econômico", mas era também o país da "acumulação e da miséria". No mundo acadêmico, tanto nacional quanto internacional, uma nova sociologia urbana, de fonte marxista, propunha uma nova leitura da questão urbana, insistindo sobre o papel da acumulação capitalista, do Estado e dos meios de consumo coletivo. A noção introduzida por Lúcio Kowarick passaria rapidamente a servir de "chave" para o entendimento da questão urbana nas grandes metrópoles nacionais. Em sua versão original, entendia-se a espoliação como "ausência ou precariedade de serviços de consumo coletivo que, conjuntamente com o acesso à terra, se mostram socialmente necessários à reprodução urbana dos trabalhadores". Havia assim um privilegiamento em torno da questão do reservatório de mão de obra e um entendimento claro de que o processo espoliativo resultaria de uma somatória de extorsões. Foi nesse sentido que a ideia de espoliação serviu de suporte à leitura que muitos autores nacionais e latino-americanos fizeram dos movimentos sociais e das lutas urbanas que eclodiram no continente nas décadas de 1970 e, sobretudo, de 1980.

Acompanhando a crítica ao determinismo macroestrutural que se instala no âmbito da sociologia marxista no início dos anos 1980, Lúcio Kowarick foi levado a repensar a noção original de espoliação urbana e a rever a interpretação comum e corrente dada aos movimentos sociais no país. Nesse percurso intelectual, tão bem registrado neste volume, o autor vai retomar o tema das lutas urbanas, chamando a atenção para a ligação linear e imediata que se costumava fazer (e que ele mesmo havia feito) entre contradições urbanas e transformações sociais. Acreditando bem menos no determinismo das condições estruturais, na potencialidade transformadora dos movimentos sociais urbanos, Lúcio Kowarick mostra agora que situações de extrema exclusão não levam, necessariamente, a lutas pela terra, habitação ou bens de consumo coletivo. Isto porque "malgrado uma situação variável, mas comum de exclusão socioeconômica, os conflitos manifestam-se de maneira diversa e, sobretudo, as experiências de luta tem trajetórias extremamente díspares, apontando para impasses e saídas para os quais as condições estruturais objetivas constituem, na melhor das hipóteses, apenas um grande pano de fundo". Com efeito, continua o autor, "pauperização e espoliação são apenas matérias-primas que potencialmente alimentam os conflitos sociais: entre as contradições imperantes e as lutas propriamente ditas há todo um processo de produção de experiências que não está, de antemão, tecido na teia das determinações estruturais".

Esse mesmo processo de releitura das lutas urbanas no Brasil leva o autor a ir de encontro àquela visão (consensual na literatura dos anos 1980) de que o movimento social é homogêneo na sua composição e finalidades e que o Estado é o agente perverso do drama social. Como o fizera em várias das reuniões da ANPOCS (Associação Nacional de Pós-Graduação e Pesquisa em Ciências Sociais), Lúcio Kowarick propõe aqui que se faça uma análise *por dentro* dos movimentos sociais, para que se entenda seus fluxos e refluxos, seu percurso pleno de desvios, caracterizado pela constante recomposição de divisões e alianças que cabe reconstituir no caminhar da luta. Insiste também (como no livro *As lutas sociais e a cidade* e inspirado no caso das greves de São Bernardo e São Paulo de 1978-1980) que se analise a relação entre o bairro e a fábrica, já que o movimento sindical e operário teve inúmeros reflexos na dinamização das lutas urbanas em busca de melhorias para os bairros populares. Em outras palavras, o autor sugere que se abandone a separação entre a esfera da produção e a esfera da reprodução da força de trabalho, tão frequente no nosso mundo da pesquisa. Teoricamente sua sugestão é que se façam esforços para obter instrumentos conceituais que deem conta da problemática referente à ligação entre exploração do trabalho e espoliação urbana, mediatizadas à luz da teoria dos conflitos de classe.

Na década de 1990, nova virada. Com o retorno à democracia nos países do nosso continente os temas da cidadania e da

Prefácio

participação sobem ao primeiro plano. E ganha grande destaque, na agenda internacional de pesquisa, o debate sobre a pobreza urbana — problema que agora também atinge os países ricos. Exclusão social e *underclass*, duas novas categorias presentes no debate internacional e nacional das ciências sociais.

Atualizado com os novos tempos e sempre preocupado em dialogar com os novos registros, Lúcio Kowarick passa a discutir, mais recentemente, os temas da cidadania, da subcidadania e da exclusão social. São os direitos básicos do cidadão e esta subcidadania na sua expressão espacial que vão sobretudo lhe interessar. Defendendo a ideia de que a subcidadania é "um processo político que produz uma concepção de ordem estreita e excludente", o autor lembra que a mesma se manifesta na "irregularidade, ilegalidade ou clandestinidade face a um ordenamento jurídico-institucional que, ao desconhecer a realidade socioeconômica da maioria, nega o acesso a benefícios básicos para a vida nas cidades". A condição de subcidadania abre espaço, por outro lado, a que se construa no imaginário social o diagnóstico da periculosidade: o morador do cortiço, da favela ou do loteamento clandestino — por aí residir — fica reduzido à condição de um marginal ou bandido. Nesse sentido, discriminação, segregação e controle social são processos que juntos promovem a condição de subcidadania.

Noções novas como a do "cidadão privado" e a do "subcidadão público" também aparecem com destaque nas páginas desta publicação, acompanhando uma releitura que vem sendo realizada por vários pesquisadores paulistas com os quais Lúcio Kowarick vem colaborando. Trata-se de categorias que auxiliam a reintroduzir o antigo debate travado nos anos 1970 e 1980 sobre o papel e o significado da autoconstrução de moradias nas metrópoles nacionais. Assim, o "cidadão privado" é definido como "aquele que, com seu esforço e perseverança, venceu na vida, pois ergueu durante muitos e penosos anos a sua casa própria. Núcleo de sociabilidade baseada em contatos primários, ela encarna a realização de um projeto individual de existência — a segurança real e simbólica da propriedade".

Criticada no passado (por inúmeros autores, inclusive Kowarick) por provocar o rebaixamento do custo da reprodução da força de trabalho, advindo do sobretrabalho gratuito, a moradia autoconstruída das camadas populares é, de certo modo, "redimida" nas páginas deste livro: "é o abrigo contra as tempestades do sistema econômico"; "é o espaço onde se arquiteta a chamada estratégia de sobrevivência: quem sai para trabalhar, quem fica para cuidar das crianças, quem vem morar, quem está proibido de entrar em casa". O reconhecimento do valor simbólico da moradia popular autoconstruída permite assim que se passe de uma visão pessimista a uma visão otimista, baseada sobretudo no forte contraste entre o espaço privado, da casa, e o espaço público metropolitano, visto agora como o espaço da violência. A casa própria é entendida como "um resguardo contra os desrespeitos, medos e violências que caracterizam a vida nas ruas". O autor insiste que esta visão não descarta a espoliação urbana inerente à autoconstrução, mas que "não se pode negar também que esta solução habitacional, à diferença das outras (cortiço e favela), após um determinado momento, pode representar um dispêndio monetário extremamente baixo por parte da família proprietária, restrito aos gastos de manutenção da moradia".

Uma palavra final se faz necessária relativa ao tema das cidades globais e à metrópole que vem inspirando o autor nas suas andanças empíricas e teóricas pelo urbano, nas suas estimulantes interpretações e reinterpretações sobre a sociedade urbana nacional. A leitura deste livro sugere, com efeito, que aqui, nesse imenso território, a partir do qual se organiza a dinâmica do capitalismo no Brasil, se expressa mais claramente do que em qualquer outra metrópole do país a espoliação urbana, a subcidadania, a dinâmica das lutas e reivindicações por melhores condições de moradia e de trabalho. Verdadeiro laboratório social, a Grande São Paulo — com seus cortiços, suas favelas, suas invasões e moradias autoconstruídas, seus bairros ricos, seus condomínios fechados — continua nesse final de século XX e início do XXI como o grande desafio à compreensão dos problemas urbanos no país.

Prefácio

Mas até onde esse modelo de metrópole do "subdesenvolvimento industrializado" se aplicaria a outros contextos urbanos? As especificidades do caso paulista, tão bem sublinhadas por Lúcio Kowarick neste livro, nos servem na realidade de aviso. Num momento em que a "última moda" da sociologia urbana é o estudo das cidades globais e da globalização, há que usar de prudência antes de universalizar o novo modelo para todas as grandes metrópoles continentais.

Introdução
UMA TRAJETÓRIA DE PESQUISA

"Nossa forma ordinária de convívio é, no fundo, justamente o contrário da polidez."

(Sérgio Buarque de Holanda, *Raízes do Brasil*)

Os ensaios reunidos neste livro foram publicados em diferentes momentos dos anos 1980 e 1990. Entre o primeiro e o último há uma trajetória de 15 anos, durante a qual houve mudanças profundas na sociedade brasileira, que se tornou mais urbana, de massas, pobre e violenta. São Paulo, objeto de minhas reflexões, é expressão destes fenômenos. Mas houve muito mais. Ocorreram vastas transformações no modo de se debruçar sobre a realidade, traduzindo-se em novas abordagens teóricas e metodológicas. Em suma, mudaram os temas e, sobretudo, as questões que os pesquisadores passaram a colocar. Sem pretender realizar uma epistemologia sobre a problemática urbana brasileira, considero ser possível afirmar que a década de 1970 foi marcada por estudos macroestruturais que privilegiaram a relação entre o capitalismo — no caso brasileiro, adjetivado de perverso — e a maneira como moradores e trabalhadores se organizavam para enfrentar os desafios das cidades, no nosso caso caracterizados por intensa segregação e desigualdade. Neste momento, entre outros temas, tratava-se de entender o papel do Estado enquanto fator essencial na produção de crescimento (para poucos) e pobreza (para muitos) no quadro daquilo que foi denominado de novo caráter do conflito de classes.

No final da década de 1970 e no percurso do decênio seguinte, com a aceleração da luta pela redemocratização do País, a constelação dos estudos urbanos passou a centrar-se nos movimentos sociais; então as perguntas levantadas se dirigiam para questionar a razão dos grupos, categorias ou classes sociais se moverem, na acepção de se aglutinarem, para reivindicar melhorias e, assim, diminuir o caráter excludente de suas condições urbanas de vida. Finalmente, considero que um dos temas seminais da problemática urbana dos anos 1990 passou a ser a questão da cidadania, que reuniu um vasto e variado rol de pesquisas, da violência à participação popular na formulação das políticas públicas. Neste sentido, várias investigações voltaram-se para os estudos dos processos reais ou simbólicos que impedem a consolidação de direitos sociais e civis básicos, entre os quais a própria integridade física das pessoas.

Os capítulos que se seguem expressam estas diferentes tonalidades temáticas. Expressam também ênfases analíticas e conceituais diversas. Assim, ao beberem nas águas da escola francesa marxista da sociologia urbana, que tem em Manuel Castells o seu expoente para a América Latina, alguns artigos privilegiam o conceito de *contradições urbanas*, enquanto outros, ao tomarem de empréstimo as proposições de E. P. Thompson, valorizam o conceito de *experiência*, no sentido de que grupos sociais vivenciam uma exclusão e sobre esta vivência produzem um discurso e uma ação de caráter coletivo. A noção de *espoliação urbana*, que está, aberta ou veladamente, presente em todos os ensaios desta coletânea, mostra esta mudança de coloração teórica, que ao se desamarrar sem se desprender das âncoras estruturais, passa a enfatizar a problemática da subjetividade social. Trata-se das produções simbólicas realizadas por atores que confeccionam discursos com sinais positivos ou negativos sobre uma situação concreta de exclusão a partir da qual estruturam as orientações de suas ações coletivas.

Este é o tema do Capítulo 6.[1] Nele realço algumas fatias teóricas e temáticas do percurso de nossa pesquisa urbana. Retomo

---

[1] Publicado em *Espaço & Debates*, v. 17, n. 40, 1987, pp. 105-13.

e desenvolvo do *ângulo da cidadania* civil e social a noção de *cidadão privado*, que é introduzida no capítulo anterior, tendo em vista a questão da moradia enquanto elemento material e simbólico que enraíza em muitos aspectos a dinâmica da vida urbana no que chamo de *metrópole do subdesenvolvimento industrializado*:[2] esta ideia, presente em vários ensaios, diz respeito ao fato de que houve expansão econômica, principalmente do parque fabril, que avançou para a consolidação de um complexo industrial onde é marcante a presença de atividades voltadas para a produção de bens de capital e de consumo durável, bem como de um setor de serviços moderno e dinâmico. Mas esta modernidade tecnológica, informática e organizacional se combinou com múltiplas expressões daquilo que se convencionou chamar de trabalho precário, fez explodir o número de desempregados, manteve os níveis salariais extremamente baixos e as condições urbanas de vida extremamente espoliativas. Mas, além dessas exclusões, a ideia de subdesenvolvimento diz respeito também ao desrespeito e incivilidade que marcam as relações sociais do dia a dia, do trânsito às filas e ao atendimento nas repartições públicas, à impunidade de múltiplos crimes praticados pela polícia e por bandidos, à desigualdade perante a lei e ao clima de medo que desaba sobre os habitantes das grandes cidades brasileira, cuja intensidade e dimensão constitui fenômeno inédito em São Paulo.

Este tema também é desenvolvido no Capítulo 1, que trata das modalidades de produção do espaço urbano e de suas contradições tendo por referências os anos 1970 e 1980. Nele tam-

---

Também em *Estudos Sociológicos*, Colegio de México, v. 14, 1996, pp. 729--43; e nos livros coletivos organizados por Matsuo Yamada, *Ciudad y campo en América Latina*, Osaka, The Japan Center for Area Studies/National Museum of Ethnology, 1997, pp. 169-81; e por Anita Joussemet, *Recherche sur la ville au Brèsil*, Paris, CNRS, 1997, pp. 37-59.

[2] Publicado em *São Paulo em Perspectiva*, v. 5, n. 2, Fundação SEADE, 1991, pp. 2-8; no livro *Brasil em artigos: SEADE/Bolso*, 1995, pp. 99--116; bem como em *Nueva Sociedad*, n. 114, Caracas, 1991, pp. 184-93.

Introdução: Uma trajetória de pesquisa

bém se introduzem elementos para analisar as interconexões entre as lutas nos bairros e nas fábricas, que adquirem enorme visibilidade social e política na conjuntura de 1978-1980.[3]

O capítulo seguinte conduz a problemática da *espoliação urbana* para os anos 1990, introduzindo a questão da subcidadania, que impulsiona o que chamo de *mais-valia absoluta urbana* e fundamenta uma forma de controle social que, apoiada numa representação da ordem, inspeciona a vida privada das pessoas enquanto transeuntes e moradores.[4]

O Capítulo 3 bebe nas águas do conceito de *contradição urbana* e, após uma breve discussão em face da realidade de metrópoles latino-americanas dos anos 1970, procura delimitar o que pode ser denominado de luta e movimento social urbano.[5]

O artigo seguinte é de cunho teórico e metodológico: retomando os pontos colocados no Capítulo 1, ele avança no sentido de conceituar um campo de luta social que se dá através da *fusão de conflitos e reivindicações* e que se alimenta das *experiências* advindas da exploração do trabalho e da espoliação urbana. Isto significa dizer que, no mais das vezes, as lutas sociais se desenvolvem isoladamente. Significa também que existem estuários conjunturais onde elas desembocam, e que para entendê-las é preciso mergulhar na diversidade dos movimentos que ocorrem nos bairros e nas fábricas. É o que chamei de caminhos de encontro.[6]

---

[3] Publicado em *Caderno CEAS*, n. 102, Salvador, 1986, pp. 9-22; e em *Pensamiento Iberoamericano/Revista de Economía Política*, n. 7, Madri, 1984, pp. 33-47.

[4] Editado em Cremilda Medina (org.), *Às margens do Ipiranga*, São Paulo, USP/ECA/CJE, 1991, pp. 13-23; *Nossa América*, São Paulo, Fundação Memorial América Latina, n. 1, 1992, pp. 106-17; *El Ojo del Huracán*, v. 3, n. 11, Caracas, 1992, pp. 267; e em Fernando Carrion (org.), *Ciudades y política urbana*, Quito, Red Ciudades/COPEL, 1992, pp. 187-95.

[5] *Espaço & Debates*, n. 8, São Paulo, 1983, pp. 55-63.

[6] Este ensaio apareceu em *Presença*, n. 2, São Paulo, 1984, pp. 65-78;

O Capítulo 7, que encerra o livro, é também de caráter teórico. Discute as mudanças na priorização dos estudos urbanos e nos modelos interpretativos, que passaram daquilo que chamo estrutura sem sujeitos para a análise de sujeitos liberados de qualquer constrangimento estrutural. Neste sentido, critico as abordagens que designei de *deducionismo das condições objetivas*, de visão *genético-finalista* e do que pode ser designado de concepções *anarco-catacumbista* ou de *foucaultianismo narodnik*, terminando com comentários que, em diálogo com alguns pesquisadores latino-americanos, sugerem trilhas que poderiam alimentar nossas investigações.[7]

Desnecessário dizer que os ensaios aqui reunidos passaram por um trabalho de edição no qual procurei eliminar repetições. Quando pertinente, dados foram atualizados e alguns temas, como a violência urbana, enriquecidos com a análise de aspectos que não apareciam nas publicações anteriores. Isto foi feito sem se alterarem o desenvolvimento da argumentação e as próprias conclusões.

Lúcio Kowarick

---

em *Ciências sociais: coletânea de textos*, Secretaria do Estado de Educação, São Paulo, 1987, pp. 36-49; na *Revista Mexicana de Sociología*, v. 46, n. 4, México, 1984, pp. 67-83; *Cuadernos Ciudad Sociedad*, n. 10, Quito, Ciudad, 1985, pp. 7-24; e na coletânea organizada por David Slater, *New Social Movements and the State in Latin America*, CEDLA, Latin American Studies, n. 29, Dordrecht, Holanda, 1995, pp. 73-93.

[7] Ver Elisa Reis, Maria Hermínia Tavares de Almeida e Peter Fry (orgs.), *Pluralismo, espaço social e pesquisa*, São Paulo, Hucitec/ANPOCS, 1995, pp. 45-57; *Sociológica*, v. 7, n. 18, México, 1992, pp. 11-27; e *Revista Latinoamericana de Estudios Urbanos Regionales*, v. 20, n. 59, Santiago, 1994, pp. 37-45.

1.
PRODUÇÃO DO ESPAÇO URBANO
E LUTAS SOCIAIS

1.1. Exploração do trabalho
e espoliação urbana

Em 1985, viviam na Região Metropolitana de São Paulo mais de 14 milhões de pessoas.[1] A maioria mora em habitações precárias — favelas, cortiços e casas autoconstruídas em terrenos destituídos de serviços públicos — e ganha poucos salários mínimos por mês, revelando um acentuado grau de pauperismo e precárias condições urbanas de existência. A Região configura-se enquanto Metrópole não só pela sua extensão territorial, mas também porque é a partir dela que se organiza a dinâmica do capitalismo no Brasil, pois aí se concentra a engrenagem produtiva essencial à economia do País. Local privilegiado do período de expansão econômica, durante o qual se implantaram, a partir dos anos 1950, inúmeras empresas tecnologicamente modernas que geraram enorme volume de excedente, ao mesmo tempo em que os salários da maioria mantiveram-se deteriorados, a RMSP é agora cenário onde impera vasto contingente de desempregados: as consequências sociais da derrocada econômica que se abre a

---

[1] A Região Metropolitana de São Paulo — RMSP — daqui para frente será também designada de Metrópole, Grande São Paulo ou Região. Composta de 37 municípios, dentre os quais destaca-se São Paulo, que será também designada Cidade ou Capital. Os demais capítulos também seguem estas denominações.

partir de 1980 são funestas, pois a crise afeta, de modo particular, o coração industrial do País.

Deve ser enfatizado que a Grande São Paulo é o lugar privilegiado da acumulação do capital no Brasil e as contradições que nela se espelham não são fruto de uma urbanização que se expandiu no bojo de um incipiente processo de industrialização, como ocorre em muitas grandes cidades brasileiras e latino-americanas. Ao contrário, é um caso em que o crescimento da Metrópole foi acompanhado e decorreu, pelo menos até 1980, de intenso dinamismo econômico: até então as exclusões sociais presentes na RMSP não tinham sido, portanto, originárias da estreiteza de uma estrutura produtiva, na qual uma massa populacional tivesse se avolumado sem que houvesse criação de empregos.

O que importa resgatar desta discussão é que, mesmo antes da conjuntura de crise de 1981-1983, o modelo de crescimento implantado no País alijou a imensa maioria dos benefícios de uma sociedade que teve notável desempenho econômico. Não é o caso de repetir aqui suas funestas consequências sociais. Basta dizer que semelhante modalidade de acumulação alicerçou-se em acentuado aumento da produtividade do trabalho, que não só deixou de ser repassado para os trabalhadores, como também os salários de boa parte destes, em particular dos segmentos não qualificados, deterioraram-se em termos reais. Nesse sentido, aponte-se que o patamar mínimo de remuneração, entre 1959 e 1990 em São Paulo, decresceu em termos reais cerca de 70%. Na RMSP a renda familiar em 1977 era de 550 dólares mensais, e dez anos após decaía para 290 dólares, mostrando de forma cabal o significado do que já foi chamado de "década mais do que perdida". Semelhante redução assume sua real significação quando se tem em conta que não se trata de uma oscilação ocasional, fruto de momentos recessivos, mas de características estruturais do capitalismo brasileiro destas últimas décadas.

Trata-se, em suma, de um capitalismo tecnologicamente moderno, mas que guardou inúmeras modalidades de extração de mais-valia na sua forma absoluta, ocasionando acentuado aumento das jornadas e o ingresso, também significativo, de outros membros da família no mercado de trabalho. A mudança radical que se abre com os anos 1980 reside no fato de que, antes, a expansão econômica gerou uma quantidade de empregos que em certa medida contrabalançou a queda dos níveis de remuneração, ao passo que, com o avançar da década, não só se acentuou o grau de pauperização, como também muitos nem mesmo conseguem se transformar em mercadoria superexplorada por um capitalismo que se atola no pântano da recessão: no final de 1983, havia na Grande São Paulo cerca de 1 milhão de desempregados, montante que corresponde a 15% da população economicamente ativa. O nível de emprego industrial voltou a ser semelhante ao imperante em 1973, num contexto em que continuou acentuado o incremento demográfico da Região, pois nestes dez anos sua população aumentou 38%. Ademais, a perda da oportunidade de um trabalho permanente e regular só poderia aumentar as taxas de subemprego, que passam a representar aproximadamente 20% da força de trabalho.

Como não poderia deixar de ser, num País em que os próprios trabalhadores — e não o Estado — devem sustentar aqueles que foram parcial ou totalmente alijados das engrenagens produtivas, tornaram-se dramáticas as consequências sociais e psicológicas desse massivo problema: a diminuição drástica nos níveis de consumo, a desorganização familiar e a violência são, dentre inúmeros outros, alguns acontecimentos que se acirraram no cenário da RMSP. Isso para não falar do enorme surto de pessoas que, pelas ruas, esmolam ou procuram vender uma gama variada de objetos aos pedestres e motoristas que circulam pela Cidade cada vez mais temerosos de ser assaltados. Ao mesmo tempo, nas empresas, são frequentes as dispensas, gerando um clima constante de ameaça que passou a impregnar o cotidiano não só da classe operária, mas também de segmentos importantes das camadas médias, onde o desemprego também tem penetrado de forma significativa.

Baixos salários, o desgaste decorrente das longas jornadas de trabalho do período de expansão econômica ou o desempre-

Produção do espaço urbano e lutas sociais

go e subemprego são causas que têm levado à enorme dilapidação da energia física e mental dos trabalhadores, que são subnutridos, moram em habitações precárias e desprovidas de infraestrutura, não têm acesso a serviços médicos adequados ou ao sistema educacional, elementos, entre outros, fundamentais para a reprodução da força de trabalho. Estas últimas considerações abrem a possibilidade de visualizar outro ângulo que influencia o padrão de vida e que, apesar de estar diretamente ligado ao processo de exploração do trabalho, não pode ser reduzido a ele. Trata-se de um conjunto de situações que pode ser denominado de *espoliação urbana*: é a somatória de extorsões que se opera pela inexistência ou precariedade de serviços de consumo coletivo, que juntamente ao acesso à terra e à moradia apresentam-se como socialmente necessários para a reprodução dos trabalhadores e aguçam ainda mais a dilapidação decorrente da exploração do trabalho ou, o que é pior, da falta desta.[2] Na Grande São Paulo, são inúmeras as manifestações dessa situação espoliativa, que vão desde as longas horas despendidas nos transportes coletivos até a precariedade de vida nas favelas, cortiços ou casas autoconstruídas em terrenos geralmente clandestinos e destituídos de benfeitorias básicas, isto para não falar da inexistência das áreas verdes, da falta de equipamentos culturais e de lazer, da poluição ambiental, da erosão e das ruas não pavimentadas e sem iluminação.

É preciso reafirmar que a espoliação urbana está intimamente ligada à acumulação do capital e ao grau de pauperismo dela decorrente. Isso porque os trabalhadores assalariados e autônomos ou os desempregados são também moradores espoliados, e, sobretudo, porque é a dinâmica de criação e apropriação do ex-

---

[2] A noção de espoliação urbana foi inicialmente exposta no livro *A espoliação urbana*, São Paulo, Paz e Terra, 1979. No capítulo 6 deste livro ela reaparece com novos ingredientes teóricos que visam dar elementos explicativos para a questão das lutas sociais urbanas.

cedente econômico que gera esses dois aspectos interligados da reprodução dos trabalhadores. Eles são, contudo, mediatizados pela ação do Estado, que regula as condições de trabalho e de remuneração e, de maneira direta ou indireta, gera os bens de consumo coletivo essenciais à reprodução urbana dos trabalhadores. Dessa forma, mesmo quando os graus de pauperização são mantidos inalterados, rebaixados ou minorados, os padrões de reprodução urbana poderão melhorar ou piorar em razão do que os moradores consigam obter do poder público em termos de serviços e equipamentos coletivos, subsídios à habitação ou facilidades de acesso à terra provida de infraestrutura. Esses processos variam segundo conjunturas políticas e podem ou não estar associados às conquistas que o movimento operário e sindical obtenha na esfera das relações de trabalho.

Pode-se dizer, em suma, que a *espoliação urbana* não é apenas outra faceta do trabalhador pauperizado. Ela decorre, convém insistir, do processo de acumulação do capital mas também da dinâmica das lutas e reivindicações em relação ao acesso à terra, habitação e bens de consumo coletivo. Dessa forma, a questão fundamental reside na capacidade dos vários grupos e camadas sociais de pressionar e obter do Estado esses elementos básicos para sua sobrevivência nas cidades. O papel do Estado é fundamental, não só pelas razões já arroladas, mas também porque o investimento que injeta no tecido urbano é fator de intensa valorização diferencial da terra, aparecendo como ator importante no processo de especulação imobiliária e segregação social.

Nesse particular, deve-se ressaltar que a principal fatia do investimento público tem sido, no caso de uma metrópole como São Paulo, dirigida para áreas onde vivem e trabalham os grupos de renda média e alta, bem como para maximizar a realização do capital, gerando grande parte das assim chamadas condições gerais necessárias para o processo de acumulação se reproduzir em escala ampliada. Daí decorre o que tem sido normalmente designado pela expressão *contradições urbanas*, pois os investimentos públicos em bens de consumo coletivo têm sido tradicionalmente

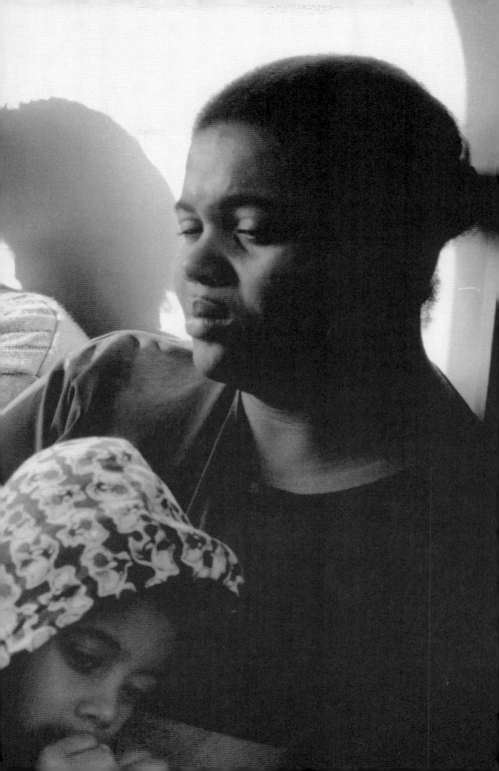

realizados em prejuízo da grande massa dos trabalhadores.[3] A fim de obter uma visão mais precisa daquilo que estou denominando de *espoliação urbana*, convém explicitar alguns pontos, aprofundando a questão da habitação popular e do acesso à terra.

1.2. PRODUÇÃO DO ESPAÇO URBANO E HABITAÇÃO POPULAR

Até os anos 1930, quando começa a se ampliar a base produtiva ainda apoiada nos setores fabris tradicionais, principalmente a indústria têxtil e de alimentação, a acumulação industrial se concentrava em poucas empresas situadas em alguns pontos da Cidade. Nesse período, a expansão industrial e da moradia da classe trabalhadora processou-se de maneira bastante adensada, confundindo-se a vida nas fábricas e nos bairros operários. Em contraponto a esta forma de crescimento mais adensada, de modo especial até o final dos anos 1970, ocorreu acentuada desconcentração das moradias dos trabalhadores, que, de alguns poucos bairros sediados em torno dos antigos centros fabris — Brás, Belém, Barra Funda, Mooca — irradiam-se para inúmeras áreas da Capital e depois para vários pontos da Grande São Paulo, originando o que se tem denominado padrão periférico de ocupação do solo urbano. Aponte-se, nesse particular, que a mancha urbana da Região Metropolitana possuía mais de 1.700 quilômetros quadrados, área dez vezes superior à imperante em 1930, e que somente na década de 1980 se expandiu em 500 quilômetros quadrados, por uma forma de ocupação altamente especulativa e predatória. Ela decorreu de vários fatores interligados, dos quais o principal residiu no próprio avanço da industrialização, que se espalhou por novos núcleos, seguindo os eixos ferroviários e, posteriormente, os rodoviários. Simultaneamente ocorre a dispersão

---

[3] Conforme Christian Topalov, *La urbanización capitalista*, Cidade do México, Edicol, 1979.

da moradia, não podendo ser esquecido que, após a II Guerra Mundial, São Paulo passa a ser receptor de volumosas levas de migrantes. Nesse período, o aluguel ainda continua a ser a forma predominante de moradia, mas já então se esboça o espraiamento da autoconstrução por embrionários centros que se espalham por um espaço mais expandido, disperso e rarefeito de população.[4] Decorrente de um patamar de acumulação que se torna mais diversificado e complexo, fundamentalmente com a entrada massiva do capital estrangeiro no decênio de 1960, a periferização da moradia popular foi viabilizada pela alteração prévia no sistema de transporte, que começou a ocorrer a partir de 1940: o bonde passa a ser paulatina e crescentemente substituído pelo ônibus, veículo muito mais versátil na produção de terras habitáveis, unindo casas autoconstruídas nas periferias destituídas de infraestrutura aos locais de emprego e servindo de intensa especulação imobiliária à medida que zonas longínquas foram transformadas em "lotes", vendidos, no mais das vezes, de forma legalmente irregular. Enquanto este fenômeno ocorria nas periferias que se multiplicavam, as áreas mais próximas dos centros, em grande parte já equipadas, eram retidas para fins especulativos. Esse processo originou os assim chamados "vazios urbanos", que, mais cedo ou mais tarde, passaram a ser servidos por infraestrutura urbana gerada pelo Estado, o qual, por esta via, valorizou enormemente um vasto estoque de terrenos que permanecera vedado à moradia da população.

A produção do espaço gera, portanto, zonas que por causa do preço da terra só podem ser destinadas às camadas de maior

---

[4] Os domicílios alugados em São Paulo de 1920 correspondem a 79% do total de unidades habitacionais então existentes; em 1940, eles englobavam 75%; dez anos depois, 68%; em 1970, a parcela de moradias de aluguel caía para 38%. Em 1980 sobe para 40% e em 1991 cai para 29%, o que é consequência não do incremento da casa própria, mas do enorme crescimento da população favelada, que atinge, como será visto no capítulo seguinte, cerca de 20% da população paulistana em meados dos anos 1990.

poder aquisitivo: nelas, a um custo econômico alto corresponde um ônus social — medido em termos de infraestrutura e serviços públicos — praticamente nulo. Por outro lado, nas zonas onde esses elementos são praticamente inexistentes — que são as únicas a que a população pauperizada tem acesso —, o custo econômico é relativamente baixo, mas em contrapartida o ônus social medido em termos de espoliação urbana é extremamente alto.

Deve-se dizer que com a chegada de melhorias urbanas em áreas antes desprovidas, eleva-se seu preço econômico à medida que decai seu ônus social. No momento em que ocorre esse processo de valorização, essas áreas, antes acessíveis a faixas de remuneração mais baixa, tendem a expulsar a maioria dos locatários, os proprietários que não puderem pagar o aumento de taxas e impostos, transformando-se em zonas para camadas melhor remuneradas. Ademais, elas se fecham para o contingente de novos moradores pauperizados, que deverá procurar em outros locais, desprovidos de benfeitorias, uma habitação para alugar ou comprar um terreno para construir a sua "casa própria":[5] reproduz-se, assim, um padrão de periferização que aumenta enormemente os assim denominados custos de urbanização, pois sempre são geradas novas áreas longínquas e rarefeitas de população que deverão ser — algum dia — providas com um mínimo de serviços públicos. Reproduz-se também uma forma de expansão urbana extremamente dilapidadora para aqueles que não têm recursos econômicos e políticos para pagar o preço de um progresso altamente espoliativo.

As dificuldades para a aquisição de um terreno por parte dos trabalhadores são crescentes. Como já apontamos, enquanto o valor dos salários foi reduzido de modo drástico, o preço do metro

---

[5] A argumentação aqui desenvolvida baseia-se em Carlos Nelson Ferreira Santos, "Velhas novidades nos modos de urbanização brasileira". In: Licia do Prado Valladares (org.), *Habitação em questão*, Rio de Janeiro, Zahar, 1980, p. 25.

quadrado de terreno, na Capital, entre 1959 e 1990, aumentou em mais de 150%. Essa é a principal razão, como se verá a seguir, do aumento de moradores em favelas e cortiços ocorrido durante o final da década de 1970, em momento, portanto, anterior à derrocada econômica de 1981-1983.

De toda forma, a "casa própria" foi até 1980 a forma preponderante de habitação popular na Grande São Paulo, onde se estima que 63% das moradias foram confeccionadas a partir do processo autoconstrutivo. Não obstante esse montante variar, o percentual é significativo em todas as áreas, inclusive em São Paulo, onde a metade das residências permanentes foram erguidas por essa modalidade de construção.[6] As formas de construção da moradia variam, mas as pesquisas informam que, na maior parte dos casos, o encargo recai sobre a família autoconstrutora. Tanto é assim que a metade das pessoas envolvidas nessa modalidade habitacional na Grande São Paulo declara não ter utilizado mão de obra remunerada.[7] Isso é necessário porque são poucos os que têm recursos para planejar o andamento da obra de modo a assalariar trabalhadores de maneira regular. Produzida por técnicas rudimentares, a casa serve como abrigo, uma vez que sua finalidade é gerar um componente indispensável para subsistir nas cidades e não obter lucro por sua venda. É preciso enfatizar que esse tipo de produção de moradia supõe, de um lado, um tempo de trabalho suplementar no processo produtivo, que se traduz na ampliação da já normalmente extensa jornada de trabalho, venda de férias, "bicos" e outros expedientes que os trabalhadores precisam desenvolver para levar adiante a realização de sua casa própria.

---

[6] Suzana Pasternak Taschner e Yvonne Mautner, *Alternativas habitacionais para a população de baixa renda*, São Paulo, FAU-USP, s.d. (mimeo.), p. 15.

[7] Secretaria da Economia e Planejamento do Estado de São Paulo, "Construção de moradias na periferia de São Paulo: aspectos sociais, econômicos e institucionais". In: *Estudos e Pesquisas*, n. 30, São Paulo, 1979, tabela nº 59.

A ampliação do tempo de trabalho propriamente dito implica, também, um tempo de trabalho suplementar na ampliação e constante reparação da moradia. Esta labuta no canteiro de obras não é, obviamente, um trabalho excedente. É, isso sim, um *sobretrabalho gratuito* que serve para produzir um meio de subsistência para se reproduzir como mão de obra pauperizada pelo processo produtivo.[8] Esse tempo de trabalho extra, retirado do que ironicamente se chama de "tempo livre", é um tempo necessário à sobrevivência nas *metrópoles do subdesenvolvimento industrializado*, que decorre do fato de a remuneração ser extremamente baixa. Assim, a autoconstrução, por ser uma fórmula que exclui dos custos da habitação o valor da força de trabalho, constitui vigorosa fonte para manter os salários permanentes deprimidos, à medida que barateia os custos de sua reprodução. Fórmula só paradoxal na aparência, pois ao mesmo tempo exclui os trabalhadores do mercado formal de moradias e os obriga a construí-las. Isso no caso de poderem e quererem escapar dos cortiços ou das favelas.

As pesquisas realizadas indicam também os enormes sacrifícios que os autoconstrutores precisam fazer para erguer suas moradias. Contudo, essas condições, quando comparadas ao aluguel, surgem como compensadoras, pois a situação de não proprietário representa uma vulnerabilidade ainda mais acentuada, posto que a casa própria é, até certo ponto, garantia para os frequentes momentos de crise, doenças, acidentes e o desemprego, problemas que constantemente afetam boa parte dos trabalhadores. Além disso serve como uma espécie de passaporte de boa conduta, contrapondo a condição de proprietário, aquele que venceu na vida, aos indivíduos que vivem na promiscuidade dos cortiços e favelas. Não obstante tal fato, o "vale a pena construir"

---

[8] Francisco de Oliveira, "A economia brasileira: crítica à razão dualista", *Estudos CEBRAP*, n. 2, São Paulo, Editora Brasileira de Ciências, outubro de 1982, p. 31.

deve ser entendido como uma alternativa altamente espoliativa. Consegue realizá-la quem dispõe de energia física para aumentar a jornada de trabalho vários dias por semana a fim de conseguir uma sobra que permita realizar paulatinamente a obra nas "horas livres". Consegue realizá-la, ainda, quem diminui as despesas básicas e quem dispõe de braços na família também submetidos a esses processos:[9] para os autoconstrutores, além dos enormes sacrifícios para erguer a casa, surge uma moradia destituída de serviços públicos, de péssima qualidade habitacional e, na maioria das vezes, longe do local de emprego. Para o poder público representa gastos e ausência de recursos crescentes para enfrentar uma expansão urbana rarefeita, onde pipocam, como se verá a seguir, as reivindicações e lutas por melhorias urbanas.

Possuir uma moradia é, sem dúvida, uma necessidade da população trabalhadora, pois, dadas as intempéries do sistema econômico, representa a possibilidade de não pagar aluguel. Mas nem todos podem ou querem construir suas moradias. Não podem pelo elevado preço dos terrenos e não querem porque os sacrifícios de confeccionar uma casa, as horas gastas no transporte coletivo e a precariedade dos bairros periféricos podem parecer muito mais elevados do que a insegurança presente ou futura. Por isso é que proliferaram os cortiços, na década de 1970, nas áreas mais centrais de São Paulo, onde o tempo e o custo do deslocamento são bem menores do que os vivenciados numa situação de moradia nas áreas periféricas. Ambientes insalubres e superlotados, mistura de sexos e idades, são características comuns no seu cotidiano, mas, pelos crescentes ônus inerentes à autoconstrução, muitos são levados a essa condição de moradia. Assim, proliferam os cubículos: velhos casarões são adaptados para receber o maior número possível de inquilinos e, não raras vezes, muitas constru-

---

[9] Maria Helena Beozzo de Lima, "Em busca da casa própria: autoconstrução na periferia do Rio de Janeiro". In: Licia do Prado Valladares (org.), *Habitação em questão*, Rio de Janeiro, Zahar, 1980.

ções são especialmente confeccionadas para essa modalidade altamente lucrativa de aluguel. Isso ocorre tanto nas áreas centrais como nas periferias, onde no restante do terreno são construídas fileiras de cubículos servidos por um único banheiro e, às vezes, por um só poço, onde imperam a promiscuidade e a contaminação ambiental.

Em 1961, 18% da população da cidade vivia em cortiços.[10] Em meados da década seguinte, quando o processo de autoconstrução havia aumentado significativamente, 9% dos habitantes de São Paulo amontoavam-se em cortiços — casarões, porões ou meias águas — a uma média de três pessoas por cubículo, na quarta parte dos quais não havia janelas.[11] Para anos mais recentes, especialistas apontam que as moradias precárias de aluguel que continham instalações sanitárias de uso comum totalizavam 10% dos domicílios de São Paulo em 1980.[12] Esta é uma das caracterizações da vida em cortiço e, como se sabe que nesta situação habitacional há maior adensamento de pessoas por cômodo, não é destituído de sentido afirmar que, naquele ano, mais de 850 mil pessoas moravam nessa condição extremamente espoliativa de habitação.

Na favela vive uma população, em média, mais pobre do que os habitantes de cortiços e das "casas precárias de periferias": o número aumentou sensivelmente com o passar dos anos, subindo de 1,1% da população da Cidade no início dos anos 1970, para 8,9% em 1987, ou seja, mais de 812 mil pessoas que vivem em cerca de 80 mil barracos, cuja renda familiar na metade dos casos atinge até três salários mínimos mensais. Apesar de migrante na

---

[10] M. O. Baruel Lagenest, "Os cortiços em São Paulo", *Anhembi*, São Paulo, n. 139, junho de 1962.

[11] Secretaria do Bem-Estar Social do Município de São Paulo, *Diagnóstico sobre o fenômeno dos cortiços no Município de São Paulo*, São Paulo, 1975.

[12] Suzana Pasternak Taschner, *Favelas e cortiços no Brasil: 20 anos de pesquisa*, s.l., atualizado em abril de 1997 (mimeo.), p. 17.

maioria dos casos, parte dessa população sofreu um processo de mobilidade domiciliar descendente, pois em 45% dos casos viviam anteriormente em moradias de aluguel ou em casas próprias.[13]

Concluído este tópico, convém frisar que a crise econômica que se abre na década de 1980 só poderia trazer esses resultados para uma população que já havia sido extremamente pauperizada no período do assim chamado "milagre brasileiro", pois ela não tem seguro desemprego e, portanto, quando não consegue vender sua força de trabalho, precisa comprimir ainda mais os níveis de consumo, entre os quais a moradia, que constitui um elemento ao mesmo tempo essencial e dispendioso.

É nesse quadro que, no decorrer dos anos 1970, marcados por flagrante autoritarismo político, trabalhadores explorados e moradores espoliados intentaram suas primeiras reivindicações, culminando nos grandes conflitos do final da década. A crise econômica e a abertura política dos anos 1980 constituem marcos de referência para analisar as reivindicações e conflitos sociais na RMSP, quando novas formas de aglutinação parecem estar se esboçando nos bairros e nas fábricas deste cenário metropolitano pleno de desigualdades e antagonismos.

1.3. LUTAS SOCIAIS NOS BAIRROS E NAS FÁBRICAS: ELEMENTOS PARA DISCUSSÃO

Na Grande São Paulo inúmeros são os grupos que se aglutinam para levar adiante suas reivindicações. Elas começaram a se intensificar após as greves metalúrgicas de 1978, que se deram concomitantemente ao movimento pela anistia política, processo que reuniu amplos e variados segmentos sociais que visavam ao fim da ditadura militar. Seus resultados foram lentos e relati-

---

[13] Suzana Pasternak Taschner, *Conhecendo a cidade informal*, s.l., s.d. (mimeo.), p. 26; e *Favelas e cortiços no Brasil*, *idem*.

vos, pois o poder central guardou muitos instrumentos discricionários, a fim de manter as decisões estratégicas restritas a um minguado círculo que, autoritária e repressivamente, governou o País depois do golpe de 1964. Com as eleições de 1982, nas quais os partidos da oposição foram vitoriosos em vários estados, inclusive em São Paulo, onde foi eleito um governador pelo PMDB, e com os massivos comícios pelas eleições diretas que se desenrolaram por todo o País durante 1984, houve um aumento nas expectativas dos grupos populares que visavam escolher, pelo voto direto e universal, o próximo presidente da República. Visavam também, por esse processo de extensão da cidadania política, à diminuição das vastas iniquidades ligadas aos direitos sociais e civis, que continuam uma das principais promessas não cumpridas da democracia brasileira.

Antes de abordar este tema, creio ser importante retomar em suas grandes linhas as trajetórias do movimento operário e popular que lentamente ressurge durante a década de 1970. Neste particular, é conveniente ressaltar de imediato que, além das reivindicações e conflitos que decorrem do processo de exploração do trabalho e de espoliação urbana, muitos são os grupos que se organizaram em torno de uma gama variada de demandas, entre as quais se destacam o movimento feminino e o das minorias raciais, principalmente os negros, que procuraram colocar em xeque uma situação secular de subalternidade, exclusão e preconceitos de várias ordens e matizes. Sem menosprezar a capacidade reivindicativa dessas aglutinações e sem afirmar que são teórica e praticamente secundárias ou dependentes de outras formas de luta, não resta dúvida de que, no contexto da Grande São Paulo daquela época, os movimentos operário-sindicais e aqueles que se processaram em torno do acesso à terra, moradia e bens de consumo coletivo foram os que demonstraram maior vigor nas suas iniciativas de luta. Presentes de maneira dramática no cotidiano de milhões de pessoas, as consequências da exploração do trabalho e da espoliação urbana afloram, mais do que outros, como problemas coletivos, adquirindo no cenário metropolitano aquilo que pode ser designado como *visibilidade social e política*. Social, no sentido de que são vistos como problemas que se enraízam como necessidades que, não atendidas, são, no entanto, percebidas por amplo contingente como demandas legítimas, direitos a serem conquistados. Política, na acepção de força organizativa que pressiona, por vários canais, os centros decisórios, em particular os órgãos do Estado.

É preciso reafirmar que, na maior parte das vezes, os estudos que analisaram os movimentos sociais deixaram de perceber as conexões entre as lutas que se operam no mundo do trabalho e aquelas que se processam no âmbito dos bairros. Malgrado as especificidades das reivindicações de moradores espoliados e trabalhadores explorados, pesquisas de maior profundidade mostraram que semelhante segmentação era muito mais analítica do que real, na medida em que se verificou que várias greves foram construídas e se apoiaram nas *experiências de luta* sedimentadas em organizações de moradores, bem como observou-se que os embates operários tiveram grande repercussão nas reivindicações das associações de bairro.[14] É o caso, por exemplo, da greve metalúrgica deflagrada em São Paulo em 1978, cuja trajetória começa anos antes, em lutas moleculares, que passam por aglutinações de bairro ligadas à Igreja católica e só mais tarde pela oposição sindical metalúrgica. As lutas levadas adiante por inúmeros grupos que reivindicaram melhorias urbanas construíram, também, práticas organizativas que serviram para o surgimento desse primeiro grande conflito operário após um decênio de autoritarismo, cujo vigor não pode ser explicado apenas a partir das fábricas ou do sindicato, que, muito ao contrário, neste caso posicionou-se contra a greve.

---

[14] Utilizo o termo "experiência" na acepção de Edward P. Thompson, *Tradición, revuelta y conciencia de clase: estudios sobre la crisis de la sociedad preindustrial*, Barcelona, Crítica, 1977. Esta questão será detalhada a seguir, no Capítulo 4.

Essa greve marca a abertura de uma conjuntura de intensos conflitos fabris que se estendem até o final da década. O centro nevrálgico está no setor metalúrgico da Grande São Paulo, e o movimento mais vigoroso, em São Bernardo do Campo, onde as fábricas, em 1980, ficaram paralisadas por 41 dias. Nesse episódio, à semelhança do que ocorreu nos dois anos anteriores, é intenso o apoio que as organizações sedimentadas nos bairros da Metrópole forneceram aos trabalhadores em greve.[15] A análise dessas paralisações ficaria enormemente empobrecida se fosse apenas realizada pela capacidade de organização sindical e grau de mobilização dos trabalhadores diretamente envolvidos no conflito. Isso foi fundamental, como também foi o apoio material e a solidariedade generalizada com a causa operária. Como será apontado no Capítulo 4, este é um *momento de fusão* em que um confronto que ocorre no mundo do trabalho se alimenta de múltiplas e díspares aglutinações forjadas em lutas cotidianas centradas nos bairros, onde vivem e reivindicam as populações pauperizadas que lutam por melhorias urbanas.

No período anterior a 1978, fundamentalmente no início da década, a forte vigilância e repressão impediam qualquer ação de maior envergadura dentro das fábricas, o mesmo ocorrendo com os sindicatos, que então se encontravam literalmente paralisados. Nesse contexto, o revigoramento operário ocorre nos espaços do bairro, menos controlados, onde passaram a existir iniciativas que visavam retomar a luta nas fábricas. É o período em que nascem os primeiros sinais de resistência operária, no mais das vezes, fora dos locais de trabalho. Vale a longa citação:

> "[...] até 1978, o principal campo de articulação do movimento operário ainda seria os bairros. Sua ex-

---

[15] Silvio Caccia Bava, "As lutas no bairro e as lutas sindicais". In: Lúcio Kowarick (org.), *As lutas sociais e a cidade: São Paulo, passado e presente*, São Paulo, Paz e Terra, 2ª ed., 1994, pp. 253-76.

tensão ainda dependia muito dos canais abertos pelas Comunidades Eclesiais de Base e outras formas de organização popular. Os trabalhos de bairro permitiram o surgimento de inúmeros militantes, coisa que só o trabalho no interior das fábricas não garantia ou o fazia em escala muito reduzida. Vários são os exemplos de operários que antes de assumirem uma ação militante nas fábricas, passaram pelo aprendizado de organização e luta nos bairros. Também são vários os exemplos de pequenas lutas desenvolvidas nas fábricas preparadas por operários a partir de seu local de moradia."[16]

Penso que as organizações de bairro não foram mera escola de conflitos que serviu para acionar as lutas operário-sindicais, espécie de resíduo que teve uma razão de ser enquanto estiveram vedados os conflitos no espaço fabril. Ou seja, creio ser falaciosa a afirmação segundo a qual as lutas desenvolvidas nos bairros serviram apenas para paralisar as máquinas, como pretendem as interpretações marxistas mais ortodoxas dos conflitos sociais. Ao contrário, além de alimentarem, como já assinalei, as lutas operárias do final da década, as aglutinações propriamente urbanas tiveram impacto social e político não desprezível, como atestam as inúmeras reivindicações em torno de melhorias por transporte, água, esgoto, creches e outros bens básicos para a vida nas cidades.

Neste sentido, em incontáveis pontos da Metrópole despontaram, desde o início dos anos 1970, grupos e associações que discutiam as condições espoliativas da vida cotidiana, pressionando de múltiplas formas os poderes públicos e, mais do que isso, trazendo à tona problemas que forjaram uma *consciência de exclusão* que passou a ser um elo de reivindicações entre os moradores de

---

[16] Vera da Silva Telles, *O bairro e a fábrica: a luta dos metalúrgicos em São Paulo*, São Paulo, CEDEC, 1982 (mimeo.), pp. 19 e 20.

Produção do espaço urbano e lutas sociais

numerosos bairros das periferias da Metrópole: naquela época, em grande parte devido à ação da Igreja católica por intermédio das Comunidades Eclesiais de Base (CEB), clubes de mães, associações de jovens e outras articulações ligadas às pastorais católicas, as pessoas passaram a se reconhecer, a perder o medo de pensar e agir e, de forma ainda embrionária e fragmentada, começaram a esboçar um *campo de resistência e organização popular.*

Esses processos incipientes, baseados numa lenta identificação de problemas que afetam o cotidiano das pessoas, foram gerando reivindicações, construindo agrupamentos e, sobretudo, despertando uma *consciência de insubordinação* que se colocava contra o autoritarismo do sistema político. Repita-se quantas vezes necessário for: o tortuoso percurso de abertura política foi empalmado por um restrito grupo de empresários, teve ampla acolhida entre intelectuais, estudantes, a Igreja e a imprensa, constituiu a plataforma do partido da oposição, então o MDB, foi a bandeira de muitas associações profissionais; mas teve, desde cedo, quando por omissão ou comprometimento muitos permaneciam calados, forte enraizamento nas aglutinações populares sobre as quais as consequências sociais e econômicas do regime autoritário desabaram de modo mais intenso: alastrava-se um sentimento de oposição e de revolta, experimentavam-se formas variadas de resistência e de reivindicações, fragmentadas e parciais, mas que muito iriam contribuir para as ações de *desobediência civil,* greves, passeatas, ocupação de terras, depredações e inúmeros outros tipos de manifestações organizadas ou espontâneas que passaram, no decorrer dos anos 1970, a desafiar abertamente a ordem instituída.

Deve-se frisar que a dissonância entre reivindicações sindicais e populares e respostas efetivadas pelos poderes públicos, num quadro de aumento generalizado de expectativas, coincidente com o agravamento das condições de vida, só poderia aumentar o distanciamento entre o que é percebido como legítimo por amplos segmentos sociais e o aparato legal instituído pelo regime militar. Esse distanciamento entre o legal e o legítimo manifesta-se, fundamentalmente, nas greves pelas quais, desde 1978, o movimento operário colocou em xeque a legislação vigente e nas ocupações de áreas urbanas que se multiplicaram em vários pontos da Metrópole, nos anos 1980. Naquela época, o direito de greve foi algo percebido como válido e necessário por aqueles que o praticavam e tiveram amplo apoio em vastos e variados segmentos sociais, formando uma corrente de ações e opiniões que legitimava essa forma ilegal de atuação. De forma menos acentuada, o mesmo pode ser dito em relação à questão da moradia, uma vez que as invasões de terra para construir um barraco tornaram-se, para crescente número, a única forma que desempregados, subempregados e trabalhadores malremunerados encontravam para subsistir na Grande São Paulo.

Nos primórdios dos anos 1980, não ocorrem mais grandes greves setoriais que paralisam por muitos dias vasto contingente de trabalhadores. Contudo, este recuo aparente esconde uma nova qualidade de luta, posto que passou a imperar um empenho que procura consolidar as comissões de empresa, tornando o espaço fabril local de organização que articula e dinamiza as reivindicações operárias. É claro que semelhante fenômeno incide nas unidades de grande porte, onde houve enraizamento de formas organizativas que aglutinam os trabalhadores pela base. Expressão disto foi o grande número de greves que pipocou na Região Metropolitana, obrigando as concepções que privilegiavam uma atuação controlada pelo sindicato a voltarem-se para o chão das fábricas: foi aí que o movimento operário, na conjuntura recessiva de 1981-1983, implantou novas experiências, gestando modalidades inovadoras de negociação que não só ampliaram a pauta das reivindicações, como também, a seu turno, revigoraram a força sindical na medida em que estruturavam a reivindicação operária a partir das máquinas.

Nos bairros, de maneira mais embrionária, auxiliados por profissionais em cujo meio se mesclam ativistas de várias tendências políticas e onde continua forte a presença de agentes da Igreja católica, em vários locais não só se reivindicam dos órgãos es-

Produção do espaço urbano e lutas sociais

tatais serviços e equipamentos públicos, como também discutem-se questões comunitárias, geradoras, talvez, de uma nova sociabilidade que traz à luz um discurso que reinterpreta os amplos e profundos problemas coletivos. Essas aglutinações, de um lado, não dão as costas para o Estado, pois dele exigem serviços e equipamentos e com ele estão em constante conflito e negociação. Por outro lado, procuram criar formas de representação e de gestão que se apoiam numa participação ampliada:

> "[...] é aí que o cidadão emerge, assumindo os seus direitos e deveres de participação, na construção de suas condições locais de vida, como morador, trabalhador, pai, educador, membro de uma CEB, sindicato, partido, etc. Sobre este fulcro unificador, que é a sua ação social e pessoal, constituiu-se a *esfera ou território de organização popular.*"[17]

Deve-se também mencionar que o fato de enorme contingente estar desligado das engrenagens produtivas, *de per si*, revigora as organizações e reivindicações que se articulam nos bairros populares. Isto não só porque o desemprego e subemprego rebaixam os níveis de consumo, intensificando novas estratégias de sobrevivência, inclusive a ajuda mútua, mas também porque passam a ser um problema de grande visibilidade social, impregnando os debates que se desenrolam no cotidiano de inúmeros locais desta vasta e desprovida Metrópole. Sintomático, nesse particular, é que durante o intento de greve geral em 1983 algumas fábricas pararam em decorrência da atuação das comissões de empresa, outras só o fizeram quando impulsionadas pela ação sindical, mas o novo,

---

[17] Paulo J. Krischke, "Os loteamentos clandestinos e os dilemas e alternativas democráticas em movimentos de bairro". In: Paulo J. Krischke (org.), *Terra de habitação x terra de espoliação*, São Paulo, Cortez, 1984, p. 86 (grifo meu).

nesses acontecimentos, é que muitos deixaram de trabalhar por causa de discussões e decisões realizadas a partir das aglutinações de bairro, mostrando novamente que greves de maior envergadura não podem ser apenas explicadas como decorrência das formas organizativas que se estruturam no mundo do trabalho.

Os acontecimentos analisados nas páginas anteriores colocaram no avançar dos anos 1980 novos desafios para o movimento sindical e, sobretudo, para partidos políticos que procuram canalizar reivindicações de caráter mais coletivo. A questão crucial reside em saber se terão capacidade de desenvolver projetos mais participativos que, ao mesmo tempo, se estruturem nas aglutinações de base e respeitem sua diversidade e autonomia.

2.
AS DESVENTURAS DA CIDADANIA

2.1. PERIFERIAS ETC.

Periferias... No plural. Isto porque são milhares de Vilas e Jardins. Também porque são muito desiguais. Algumas mais consolidadas do ponto de vista urbanístico; outras verdadeiros acampamentos destituídos de benfeitorias básicas. Mas, no geral, com graves problemas de saneamento, transporte, serviços médicos e escolares, em zonas onde predominam casas autoconstruídas, favelas ou o aluguel de um cubículo situado no fundo de um terreno em que se dividem as instalações sanitárias com outros moradores: é o cortiço da periferia. Zonas que abrigam população pobre, onde se gastam várias horas por dia no percurso entre a casa e o trabalho. Lá impera a violência. Dos bandidos, da polícia, quando não dos "justiceiros". Lá é por excelência o mundo da subcidadania.

São Paulo é marcada por intensas transformações. Na primeira década deste século havia menos de 300 mil habitantes concentrados nas áreas que rodeavam o distrito da Sé: Brás, Mooca, Barra Funda. Os extremos dessas zonas constituíam então o que na época se chamava de arrabaldes. O resto, com algumas exceções, pequenas manchas na Lapa e Vila Mariana, era mato ou descampado, com seus rios e córregos, caminhos e trilhas.

São Paulo do ano 2000: cerca de 11 milhões de habitantes. É um contínuo urbano que transborda em muito os limites administrativos da Cidade, penetrando pelo ABCD, Osasco, Guarulhos e englobando, em anos mais recentes, outros municípios da Metrópole. Nesse sentido, a rigor, a ocupação periférica mais intensa situa-se em áreas menos urbanizadas em torno da Capital. Nelas, o preço da terra relativamente mais baixo possibilitou, sobretudo no percurso dos anos 1980, para um enorme contingente humano, autoconstruir sua moradia, alugar um cômodo ou confeccionar um barraco em terreno de propriedade pública ou privada. É sintomático que a taxa do crescimento demográfico da Capital tenha caído sistematicamente, baixando de 5,2% a.a. entre 1940-1950 para 1,0% na década de 1980, diminuindo ainda mais no percurso do decênio seguinte.

Seja por causa do aumento do preço da terra, ou devido ao agravamento do problema dos transportes coletivos, houve crescentes dificuldades para levar adiante em São Paulo a construção da casa própria, aspiração e necessidade básicas para que os grupos pobres tenham uma condição de vida menos precária. Este processo, conjugado com o deslocamento dos empregos industriais para fora do Município da Capital, drenou parte da migração para outras áreas da Metrópole. Isso está na origem do acentuado crescimento demográfico de municípios como Embu, Itapevi ou Jandira, transformados em cidades-dormitório que representam a fronteira do padrão periférico de expansão urbana da RMSP.

Como apontamos no capítulo anterior, a aceleração do padrão periférico de crescimento urbano não poderia ter ocorrido sem prévia alteração no sistema de transportes. Este processo acentua-se durante a II Guerra Mundial, época em que também ocorre profunda crise habitacional, quando ainda predomina largamente a moradia de aluguel: cada vez mais desponta no cenário urbano em rápida expansão o ônibus, veículo muito mais versátil do que o bonde na produção de terras habitáveis para a população pobre. Afinal, do ponto de vista de um capitalismo predatório que produzia uma cidade típica do *subdesenvolvimento industrializado*, o importante era unir aos locais de emprego as moradias edificadas em terrenos destituídos de benfeitorias: a autoconstrução passou, assim, a ser a forma dominante de reproduzir os trabalhadores a baixo custo — antes era o cortiço — ao mesmo tempo em que a venda desses lotes "clandestinos" gerava grandes lucros imobiliários.

Enquanto isso, as áreas mais próximas dos centos equipados eram retidas para fins especulativos, originando os "vazios urbanos" que, mais cedo ou mais tarde, passaram a receber serviços e infraestrutura gerados pelos poderes públicos. Valorizava-se, assim, vasto estoque de terrenos, que permanecia e permanece vedado à maioria da população. Essa modalidade de produção de espaço — atualmente menos presente no Município da Capital, mas ainda frequente em outras regiões da Grande São Paulo — gera, ao mesmo tempo, extensa especulação imobiliária e segregação socioespacial.

Rios e córregos, caminhos e trilhas desviados do traçado e apagados da memória: fundada em 1926, Vila Califórnia, a 29 km da praça da Sé, às margens do Tamanduateí, rio que dá muitas voltas, como se diz em tupi-guarani. A luz chegou em 1945; há água para lavar os mesmos pratos duas vezes. Ruas pavimentadas, quatro escolas públicas.

"São Paulo, cidade que mais cresce no mundo": otimismo desenvolvimentista, 50 anos em 5, da era JK. Crescimento, progresso, populismo, época do *laissez-faire* urbano. "É o preço do progresso": desfaçatez do milagre econômico realizado por um santo perverso na periferia do capitalismo: urbanização predatória e espoliativa. Anos 1980, "a década mais do que perdida"; o capitalismo perde seu dinamismo, o Estado, gigantesco, é inoperante. Nada funciona, do sistema educacional ao transporte urbano. O Sistema Financeiro da Habitação faliu. A Previdência Social faz água por todos os lados. O decênio dos 1990 apresenta-se, em muitos aspectos, ainda mais tenebroso: desemprego de 16% na RMSP, queda do rendimento médio real de 35% entre 1989 e 1997, enquanto, no mesmo período, aumenta em 20% o número de empregados com jornada de trabalho acima da legal e a taxa de ocupação declina 25%:[1] desrespeito, sentimento de

---

[1] Marcio Pochmann, "O emprego e o mercado de ilusões", *Folha de S. Paulo*, 22/10/1997, 2º caderno, p. 2.

As desventuras da cidadania

derrota, medo, como se verá no Capítulo 6, fazem parte do cotidiano das pessoas. Desesperança, muitos saem do País — melhor o trabalho clandestino lá fora.

As bacias dos rios ficaram impermeáveis, não há vazão nos afluentes. Entulho, lixo, poluição, as águas transbordam. Aliás, em São Paulo, tudo transborda, tudo enche. Os subterrâneos da Cidade estão podres. Horas de congestionamento. Buzinas, confusão, cenas explícitas de desespero. Não estaríamos, sem saber, afundando em direção ao Quarto Mundo? "Os homens que constroem seus destinos também mudam os cursos dos rios."[2]

2.2. DESVENTURAS

Na São Paulo de 1987 havia 813 mil favelados, montante que em 1993 sobe para 1,9 milhões de pessoas. Para se ter uma ideia desse explosivo crescimento, basta dizer que mais de dois terços dos novos habitantes desse período avolumaram-se nas favelas: 39% anteriormente habitavam moradias de aluguel e 9% tiveram de deixar sua casa própria, configurando um amplo movimento humano que traduz uma piora na condição habitacional, pois, apesar de melhorias ocorridas com o processo de urbanização que marcou muitas favelas, em 77% dos casos os dejetos são lançados ao ar livre ou em córregos.[3]

Pobres dentre os pobres, pois 35% dos seus moradores tinham renda familiar de até três salários mínimos mensais, houve um tempo em que habitavam áreas mais centrais, perto dos lo-

---

[2] Adriana B. Teixeira, "Vila Califórnia: as voltas do rio não inspiram os homens", cap. 1. Este ensaio foi escrito como introdução de Cremilda Medina (org.), *Às margens do Ipiranga*, USP/ECA/CJE, 1991, coletânea que reuniu os trabalhos finais do curso de jornalismo da ECA-USP. Esta nota de rodapé e as de n. 6 e 7 se referem a capítulos escritos por esses alunos.

[3] Dados extraídos de Suzana Pasternak Taschner, *Conhecendo a cidade informal*, s.l., s.d. (mimeo.).

cais de trabalho, geralmente o emprego doméstico, a construção civil ou a tarefa autônoma. Valorização da terra, especulação. É preciso "limpar a cidade de sua sujeira", jargão presente na ação e no discurso dominante desde o século XIX. Efetivado com grande empenho durante o período da ditadura militar e retomado pelo fervor janista, alcaide varredor dos anos 1980, as favelas foram expulsas para zonas limítrofes, principalmente Santo Amaro e Campo Limpo, ao Sul — região que concentra 43% dos domicílios das favelas da Capital —, São Miguel e Guaianazes, no extremo Leste e, em épocas mais recentes, para a Freguesia do Ó, Pirituba e Perus, a Noroeste.

Não se pense que a favela é um fenômeno novo ou um trampolim para melhores condições de vida. Ao contrário, metade da sua população lá chegou antes do final da década de 1980. Recentes são as invasões coletivas e organizadas de glebas, principalmente nas zonas Leste e Sul, fenômeno que se aguçou nos anos 1980 com a crise econômica e o aumento dos preços dos aluguéis e da terra.

Recente é, também, o esforço de algumas Administrações Municipais em urbanizar favelas, implantando um mínimo de serviços, infraestrutura e equipamentos. Mas, além da ausência de rede de esgoto, e da própria precariedade das moradias, muitas situam-se às margens de córregos e rios, sujeitas à inundação, em terrenos de alta declividade ou de acentuada erosão. E lá ficam, numa situação de alto risco. Barracos soterrados, crença num destino inelutável. Banalização da violência cotidiana. A pergunta é atual: "ou há um outro fim ou outro começo para a história das consciências soterradas?".[4]

O cortiço é também uma situação marcada por grande precariedade habitacional. Amontoados em cubículos, seus habitantes somavam, como já mencionamos, 850 mil em 1980, 10% da po-

---

[4] Lúcio Kowarick, Margarida Carvalhosa e Eduardo Graeff, "Os cidadãos da Marginal". In: Lúcio Kowarick, *A espoliação urbana*, Rio de Janeiro, Paz e Terra, 1979, p. 183.

pulação da Cidade. Deve-se dizer que a definição de cortiço é complexa e problemática e que um estudo realizado em 1993, ao adotar uma conceituação restritiva, mais voltada aos casarões das áreas centrais da Capital, chegou ao historicamente minguado número de 600 mil pessoas, 6% da população de São Paulo. É provável que esta pesquisa tenha deixado de captar os assim chamados "cortiços da periferia", onde se localizavam 60% das moradias de aluguel com sanitário comum, enquanto apenas 23% desse tipo de habitação estava nas zonas centrais de São Paulo: por essas razões, os números citados parecem subestimados e nada leva a crer que no percurso dos anos 90 o número de seus habitantes tenha diminuído.[5]

É preciso dizer que o cortiço espalha-se também por toda a Capital. Nas zonas periféricas é o alinhamento de cômodos que percorre os dois lados do minúsculo terreno, no mais das vezes autoconstruídos pelo proprietário do lote, que encontra nessa forma de aluguel uma fonte de renda adicional. Nessas situações as observações indicam que frequentemente há personalização das relações entre proprietários e inquilinos, pois os cômodos são alugados a amigos, conterrâneos ou conhecidos. De toda forma, impera a pecha que desaba sobre os moradores de favelas e cortiços, não adstrita aos grupos de classe média ou alta que enxergam na pobreza dos barracos e dos cubículos toda sorte de vícios e mazelas. Também as camadas pobres, que conseguiram com muitos sacrifícios construir sua casa própria, com frequência, olham a favela próxima como um antro de preguiçosos e vadios: invasores de terra alheia, contrastam com aqueles que compraram um pequeno lote, geralmente clandestino, e com o esforço de 10, 15 ou 20 anos edificaram uma moradia, que além de representar maior defesa contra as épocas de doença e desemprego, constitui

---

[5] Os dados foram retirados de Suzana Pasternak Taschner, *Favelas e cortiços no Brasil: 20 anos de pesquisas e políticas*, atualizado em 1997 (mimeo.). A hipótese da não diminuição do montante histórico recente dos habitantes de cortiço — em torno de 10% — é minha.

segurança nos momentos de velhice e, como será detalhado no capítulo 5, simboliza o sucesso de quem venceu na vida.

No Jardim Macedônia, entroncamento com Embu e Taboão, quando falta água, as crianças carregam pesados baldes, utilizando-se dos poços de algum vizinho. Em boa parte das periferias da Região Metropolitana falta água, em média, oito horas por dia: como se sabe que a realidade é extremada e escapa da camisa de força das medidas bem-comportadas do meio-termo, de fato, quando falta água é por vários dias. Resultado: não é preciso chamar a Sabesp, Cetesb ou outro órgão público para afirmar que a água é contaminada, pois, entre outras coisas, boa parte das moradias não está conectada à rede de esgoto. Resultado adicional: a mortalidade infantil em muitas áreas periféricas continua extremamente elevada. Trata-se de perversa trilogia que une desnutrição, contaminação hídrico-ambiental e doenças infecciosas delas resultantes. Do lado direito do bairro, um morro. Ruas de terra. As sarjetas são recentes. Imagina-se facilmente como fica quando chove, a erosão comendo pedaços de terra. Mas pode-se chegar até a 5ª série, mesmo que se tenha de atravessar a favela Agostinho de Paiva. Do lado direito do bairro há outras seis... "Os meninos da favela querem andar, querem tomar as coisas da gente. Eles só arrumam confusão. Aqui tem muito trombadinha".[6]

Será que as crianças do bairro não querem as mesmas coisas? Ter um dia uma profissão, comprar coisas, roupa bonita, aos domingos ir à represa de Guarapiranga com o pai, levando amigos. Nas férias, ir a Santos ou Peruíbe. "Lá é que tem sorvete gostoso." Claro que sempre tem pega-pega e esconde-esconde, meninos e meninas juntos, muito lugar para esconder.

Na memória dos anos 1940, Jardim Europa de muitos terrenos baldios. Pega-pega, esconde-esconde. Quanta guerra de mamona. Em frente, o rio Bibi, limpo. Do outro lado, o Itaim-Bibi, com seus descampados e moradias pobres, muitas de aluguel,

---

[6] Alex Criado, "No Jardim Macedônia", cap. 7. In: Cremilda Medina (org.), *Às margens do Ipiranga, op. cit.*

As desventuras da cidadania

cortiços. Era proibido cruzar o rio. As crianças desobedeciam. A continuação da av. 9 de Julho cobriu o rio Bibi. Tiraram o Bibi, ficou só Itaim, com seus prédios e comércios. Será que as crianças das Macedônias brincam com meninos e meninas das favelas?

Nas periferias não há muito o que fazer. "Quando tinha um parquinho aí perto do rio, na saída da Macedônia, a gente ia. Circo, faz um tempão que não vem [...] Não tem nada pra fazer aqui. O bairro é muito chato. Eu fico assistindo televisão o tempo todo." Chatices ou violências, era preciso não perder a chance da casa própria, "mesmo que fosse no Macedônia".

Outra solução de moradia para os pobres é a autoconstrução, fórmula extremamente importante a partir dos anos 1950 e em declínio, pelas razões já apontadas, a partir da década de 1980. Contudo, ainda se contabilizam milhões de pessoas naquilo que os técnicos convencionaram chamar de "casas precárias de periferia", situadas em lotes no mais das vezes "clandestinos", carentes de infraestrutura, onde se edificam — no que ironicamente se chama de horas livres — moradias de péssimas condições de habitabilidade. E isso em bairros situados em zonas distantes dos locais de emprego, de difícil acesso, onde só muito lentamente as benfeitorias públicas vão chegando. Muitos anos de sacrifício, trabalho nos fins de semana, à noite, venda de férias, utilização do fundo de garantia, horas extras, diminuição do consumo, inclusive alimentar, tudo isto e muito mais para escapar do aluguel.

Se aos cortiços, favelas e loteamentos ditos "clandestinos" forem somados os que vivem em imóveis irregulares, chega-se à fantástica proporção de 65% dos habitantes de São Paulo, que foram lançados numa situação de ilegalidade quanto às normas urbanísticas da Cidade.

2.3. SUBCIDADANIA

Auge da urbanização caótica: o maior reservatório de água de São Paulo, a represa Billings, continua a ser destinatária dos esgotos residenciais e industriais de vários municípios da Metrópole. Desde 1975, uma lei de proteção aos mananciais tentou controlar e diminuir o índice de ocupação nas áreas vizinhas à represa e nas bacias hídricas a ela tributárias. Isso levou ao rebaixamento do preço da terra e, como consequência, à proliferação de loteamentos irregulares, ilegais e clandestinos. Como o poder público é ineficiente, a especulação imobiliária comanda em boa medida a produção do espaço urbano, o capitalismo nativo é predatório e usa e abusa da mão de obra barata. Também, como os pobres só podem morar onde a terra é barata, ainda nos anos 1980, a região foi polo de atração de enorme contingente de pessoas. Entre 1985 e 1990 despontaram 182 loteamentos, cerca de 32 mil lotes que cobrem 36 milhões de m^2. Bairro do Grajaú, loteamento Cantinho do Céu. Só nesse lado da península centenas de novas construções, bem perto da represa, sem água encanada, eletricidade precária: "escritura, nem pensar".[7]

Dezenas de organizações populares que lutam para regularizar os loteamentos e pela conquista de benfeitorias urbanas básicas. Inúmeras experiências, trajetórias diversas, algumas vitórias, muitas derrotas e, sobretudo, abaixo-assinados, passeatas, manifestações, até acampamento na frente da Cohab, embaixo do prédio Martinelli. Esforço para somar forças. Quatro ônibus mais dois são seis. Mas os caminhos são plenos de desvios e divisões. De um lado: "aqui não tem partido político... Qualquer um que vier e ajudar a associação, nós ajudamos...". De outro: "a associação dele atua como se fosse uma imobiliária".

A unificação das lutas sociais em torno de movimentos com capacidade de transformações políticas radicais já é uma ideia com pouco apoio na realidade brasileira e latino-americana. Contudo, perpassada por partidos, igrejas, assessorias técnicas, lideranças de todas as ordens e matizes, e até por especuladores, a questão da autonomia e da produção cultural dos movimentos sociais

---

[7] Maurício Pontes Sposito, "Morar nos mananciais", cap. 6, *idem.*

As desventuras da cidadania

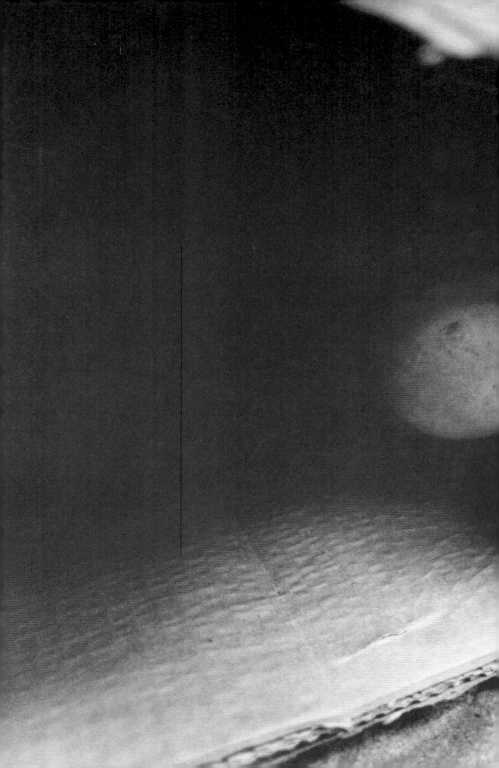

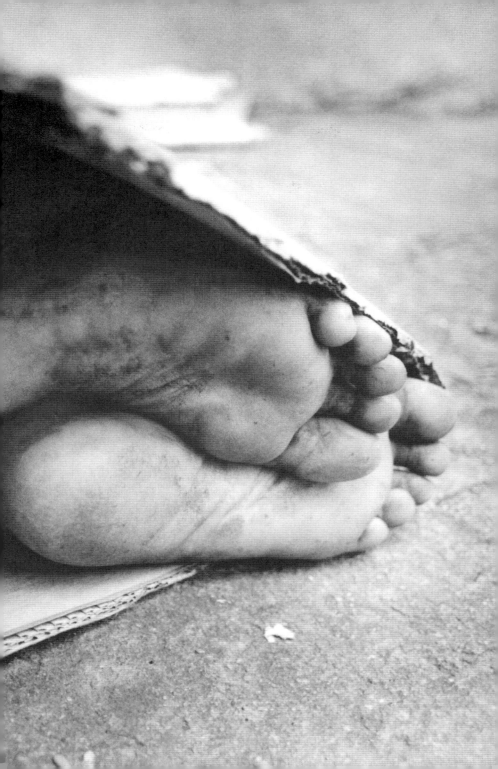

urbanos, novos e antigos, continua uma questão política para configurar uma condição social de vida mais equitativa e, eventualmente, um ideal emancipatório de inspiração socialista. Em 1990 estava programada a compra de três glebas. Na primeira, as obras não começaram. Na segunda... Na terceira etc. Povo desiludido mas incansável: "os amigos ficam por último na fila [...] É hora de voltar para a luta".

A crise não é só financeira. Devastação ambiental, contaminação hídrica e dilapidação de pessoas, paroxismo da urbanização predatória: "é manancial mas tem povo". A crise é mais profunda e longínqua. Provenientes de milhões de pontos da maior Metrópole da América do Sul, na Billings, sem contar as ligações clandestinas de esgotos, são lançados 10 m^2 de dejetos e detritos por segundo, cubagem que atinge 315 milhões por ano.

As considerações feitas no decorrer destas páginas conduzem para um ponto crucial, que diz respeito à questão dos direitos básicos do cidadão. Irregularidade, ilegalidade ou clandestinidade em face de um ordenamento jurídico-institucional que, ao desconhecer a realidade socioeconômica da maioria, nega o acesso a benefícios básicos para a vida nas cidades. Não se trata apenas do inconsciente perverso de tecnocratas bem-intencionados. Trata-se de um processo político que produz uma concepção de ordem estreita e excludente e, ao fazê-lo, decreta uma vasta condição de *subcidadania urbana*.

Essa discriminação e segregação não é importante apenas por impulsionar a acumulação capitalista por uma espécie de *mais-valia absoluta urbana*. Essa concepção de ordem também é importante para fundamentar uma forma de controle social pela vistoria da vida privada das pessoas: o mundo da desordem, potencialmente delinquente, é jovem, de tez morena ou escura, malvestido, de aparência subnutrida. De preferência não porta ou não tem carteira de trabalho e mora nos cortiços das áreas centrais ou nas favelas das periferias. Sobre essas modalidades de moradia, o imaginário social constrói um discurso que esquadrinha a mistura de sexos e idades, a desorganização familiar, a moralidade duvidosa, os hábitos perniciosos, olhando estes locais como focos que fermentam os germes da degenerescência e da vadiagem e daí o passo para a criminalidade. Ou seja: a condição de subcidadão como morador das cidades constitui forte matriz que serve para construir o diagnóstico da periculosidade. Pessoas com as características aqui assinaladas formam o majoritário *resíduo* que mais frequentemente é humilhado, maltratado, espancado, torturado ou assassinado pela polícia. Vale citar: distinguir marginais de cidadãos comuns... "pode ser feito com uso de bom senso. Mesmo porque o bandido tupiniquim, o nosso bandidão [...] tem tipologia definida, está sempre abaixo da média. É subnutrido, malvestido, subempregado, enfim tem psicossomática definida. A aparência geral dos bandidos é idêntica".[8]

A violência está fortemente presente no cotidiano de nossas cidades. Não apenas a da polícia ou dos bandidos, mas também a dos salários, transportes e jornadas de trabalho; isso para não falar nas situações de doenças, acidentes e desemprego ou nas formas espoliativas de moradia. E enquanto assim for, muitos permanecerão na condição de subcidadania. Sem direito à cidade.

---

[8] Conferência pronunciada pelo então Secretário da Segurança Pública do Estado de São Paulo, coronel Erasmo Dias (*Última Hora*, 22/5/1976, p. 8).

As desventuras da cidadania

3.
LUTAS URBANAS E MOVIMENTOS POPULARES

3.1. CONTRADIÇÕES URBANAS E URBANIZAÇÃO DEPENDENTE

Se houvesse uma relação direta entre a precariedade de vida nas cidades e o tipo de luta levada adiante pelos contingentes por ela afetados, seria fácil, e até desnecessário, tratar das *contradições urbanas*, entendidas como condições materiais que podem constituir-se em propulsoras de transformações sociais. Mas esta ligação não é linear nem imediata. Situações de extrema exclusão não levam necessariamente a lutas pela terra, habitação ou bens de consumo coletivo. Por outro lado, o mais das vezes não se transformam em *movimentos sociais*, no sentido de haver uma potencialização de reivindicações que se articulam em formas organizativas capazes de abrir espaços sociopolíticos sólidos e coletivos.

Em relação às *contradições urbanas*, deve-se dizer, inicialmente, que, numa perspectiva histórica, salta à vista que graves problemas urbanos sempre existiram no cenário das cidades latino-americanas. Malgrado isto, nas últimas duas ou três décadas elas parecem ter adquirido feições diversas. Não se trata apenas de velhos problemas que se agravaram com o aumento populacional, numa espécie de reedição ampliada do passado. O "novo" — para ficar em alguns pontos descritivos — está na mudança do caráter das relações internacionais e nas consequentes alterações no cerne da dinâmica econômica. Está também no suporte que o Estado deu ao sistema produtivo que se instalou nos países da Região após a década de 1950 e no seu atual encolhimento. Espelhou-se nas cidades que foram transformadas em função do processo de acumulação cada vez mais sediado em bases oligopólicas, tornando-se, elas mesmas, fonte fundamental de lucro onde se injetou enorme soma de trabalho cristalizado, estruturado para servir à lógica dessa recente modalidade de capitalismo, em flagrante detrimento do setor de bens de consumo coletivo básicos para a reprodução da força de trabalho.

Nesse aspecto, vale ressaltar o processo de segregação social de nossas cidades, no qual o papel do Estado tem sido fator importante pelos volumosos investimentos que injeta no tecido urbano. Como visto nos capítulos anteriores, aí assenta-se a constante produção de novas "periferias", que alargam enormemente as manchas urbanas, originando núcleos demograficamente rarefeitos e desprovidos de benfeitorias e nos quais a população constrói a sua "casa própria" em terrenos "clandestinos", quando não vai habitar em cortiços ou favelas. Apenas sob este prisma já transparece plenamente a enorme anarquia de estruturação-expansão desse padrão periférico de crescimento urbano. Talvez nesse ponto centre-se um aspecto básico das *contradições urbanas*, na medida em que implica crescente volume de recursos para prover seus moradores com um mínimo de serviços básicos.

Por ora, não parece possível formular para os países de capitalismo tardio um quadro teórico coerente para analisar este novo caráter das contradições urbanas. Mas, se esta novidade tiver alguma razão de ser, ela não decorre apenas das necessidades da economia monopolista que exige do Estado vultosos suportes para se produzir em escala ampliada por meio da criação dos assim denominados "efeitos úteis de aglomeração".[1] Decorre também das transformações que se operam no seio do Estado, que o torna alvo direto e crescente de reivindicações populares, originando lutas que, por se canalizarem para os centros do sis-

---

[1] Conforme Christian Topalov, *La urbanización capitalista*, Cidade do México, Edicol, 1979.

tema decisório, podem adquirir uma dimensão política que antes inexistia: ao se transformar no principal agente propulsor da produção, organização e gestão das cidades, o Estado passou a ser depositário de um conjunto de contradições em que se condensam interesses e para onde se dirigem conflitos e pressões por benfeitorias urbanas.[2]

De fato, as cidades como *locus* de produção e consumo, aí incluídos não só habitação — mas também redes viárias, de água, esgoto e demais serviços coletivos, não esquecendo a terra urbana, suporte material que recebe essas e outras benfeitorias — passaram a expressar acirradas formas de segregação socioeconômica. Nelas contrastam, de maneira radical, as restritas áreas privilegiadas, destinadas aos estratos de médio e alto poder aquisitivo, com as imensas zonas onde se avolumam os trabalhadores que não podem pagar o preço de um progresso apoiado na exclusão social e econômica daqueles que levam adiante as engrenagens econômicas.

São notórias as diferenças entre os diversos países latino-americanos no que diz respeito ao estágio de crescimento econômico, bem como foi bastante distinto o grau e o tipo de industrialização que afetou esses países depois da II Guerra Mundial. Para permanecer num único processo, basta mencionar que se em todos houve enorme decréscimo relativo da população rural, em certas áreas, não obstante o aumento da população e da força de trabalho urbana, continuou a imperar um estreito núcleo de trabalhadores fabris, em contraste com a crescente massa de subproletários e subempregados que, integrada também pelos desempre-

---

[2] Está para ser feita uma análise teórica acerca das *contradições da urbanização* do assim chamado *subdesenvolvimento industrializado* e o caráter das lutas sociais existentes em nossas cidades. Em relação ao Brasil, pistas promissoras podem ser encontradas em Francisco de Oliveira, "Acumulação monopolista, Estado e urbanização: a nova qualidade do conflito de classes". In: Vários autores, *Contradições urbanas e movimentos sociais*, Rio de Janeiro, CEDEC/Paz e Terra, n. 1, 1977, pp. 65-76.

gados, é caracterizada pela instabilidade econômica. Em outras áreas, pode-se destacar um núcleo numeroso e variado de assalariados, denotando, nesse particular, o avanço das formas capitalistas de produzir. Malgrado isto, tanto nas sociedades que mais se industrializaram, caracterizadas por um núcleo produtivo diversificado e relativamente avançado, como naquelas que continuam a ser meros enclaves econômicos voltados para o mercado mundial, só uma minguada fatia da classe trabalhadora, do setor secundário e terciário, se distingue da maioria quanto a uma condição de existência não marcada pela drástica espoliação que caracteriza o morador urbano.

Nos países onde a industrialização mais avançou, como Brasil, México, Venezuela, Colômbia — com exceção do caso argentino, que apresentava desde o início do século uma rede de serviços urbanos relativamente bem-provida —, o processo de acumulação de riquezas não transformou as drásticas condições urbanas de existência. Ao contrário, em muitos casos essas condições foram acirradas em aspectos básicos para a reprodução da força de trabalho, inclusive no que se refere à habitação e aos serviços urbanos a ela conectados: em São Paulo e Bogotá, dos anos 1950 aos 1970 passou a predominar a autoconstrução de moradias, confeccionadas em terrenos geralmente clandestinos, desprovidos de serviços. No Rio de Janeiro, Lima, Caracas, proliferam as ocupações de terras, onde imenso contingente é obrigado a viver em habitações subnormais; na Cidade do México e Santiago imperam várias modalidades de moradia, também marcadas por extrema precariedade, além de em quase todas as grandes cidades latino-americanas persistirem e aumentarem os cortiços, agora não só nas zonas centrais decadentes, mas também, nos últimos anos, em área longínquas dos centros de emprego, onde a carência de transporte e de infraestrutura se soma à péssima habitabilidade advinda da promiscuidade inerente a essa forma de moradia.[3]

---

[3] Ver, entre outros: Emilio Pradilla (org.), *Ensayos sobre el problema*

Callampas, *barriadas*, *villas miserias*, *ranchos*, favelas, cortiços, *vecindades*, mocambos, palafitas são algumas das muitas designações que passaram a ter as habitações precárias na América Latina. Nelas, conforme o país, vive fundamentalmente uma massa heterogênea de subempregados, trabalhadores que, dada a estreiteza do sistema produtivo, têm poucas e intermitentes ligações com o núcleo central das atividades econômicas; em outras, onde o sistema produtivo é mais diversificado e desenvolvido, habitam também operários e assalariados em geral, cuja remuneração torna impossível outra forma habitacional. Isso porque em todos os países da Região, as características do sistema produtivo implantado em decorrência da nova divisão internacional do trabalho a partir da década de 1950, não obstante as sensíveis diferenças que se apresentam no contexto socioeconômico de cada sociedade, tenderam a gerar uma quantidade de empregos urbanos inferior ao aumento da população economicamente ativa, dando origem ao conhecido e generalizado processo de "inchaço", tão típico no cenário urbano de nossas sociedades. Por outro lado, além do crescimento de subproletários e subempregados, de modo frequente e por períodos prolongados, a economia dos países latino-americanos tem alicerçado seu processo de acumulação no empobrecimento real da maioria dos assalariados, principalmente de mão de obra pouco ou não qualificada.

Convém repetir aqui o que já foi dito em outro texto:

> "De modo oposto a certas interpretações desenvolvidas pela teoria sociológica latino-americana, penso que as conclusões mais corretas são aquelas que analisam o fenômeno da superpopulação relativa — mes-

---

de la vivienda en América Latina, Cidade do México, Universidad Autónoma Metropolitana, 1982; e Richard Stren (org.), *Urban Research in the Developing World, v. 3: Latin America*, Toronto, Center for Urban and Community Studies, University of Toronto, 1995.

Lutas urbanas e movimentos populares

mo que ela aparentemente apareça como 'excessiva' quando comparada às sociedades de industrialização precoce — não como uma massa ou polo marginal, destituído de significado para a economia, mas como um elemento de primordial importância para a expansão de um capitalismo de características marcantemente selvagens como o brasileiro, pois permite dilapidar, pela superexploração do trabalho e da espoliação urbana, grande parte da mão de obra à medida que esta não tem força política para defender a sua reprodução. Desta forma, a questão da dilapidação da força de trabalho — além de basear-se no abundante reservatório de mão de obra — é, portanto, eminentemente política..."[4]

3.2. LUTAS URBANAS E MOVIMENTOS SOCIAIS

Se é possível equacionar as políticas estatais independentemente da materialidade dos interesses econômicos, calcar e reduzir as ações do Estado sobre ela significa deixar de lado toda a complexidade contraditória das relações de dominação. Em outros termos, se o Estado favorece por intermédio de seus investimentos a acumulação do capital, que visa maximizar a extração do excedente, bem como, na trama concreta da luta pelos benefícios socioeconômicos, acaba por favorecer as camadas mais abastadas, as classes trabalhadoras não permanecem totalmente excluídas de melhorias em relação aos bens de consumo coletivo. De um lado, porque em certa medida é preciso que a força de trabalho se reproduza para o capital, o que supõe o acesso, mesmo

---

[4] Conforme Lúcio Kowarick, "O preço do progresso: crescimento econômico, pauperização e espoliação urbana". In: Vários autores, *Cidade, povo e poder*, Rio de Janeiro, CEDEC/Paz e Terra, n. 5, 1982, p. 35.

que precário e residual, a certos serviços que são criados pelos vários escalões de governo.

Por outro lado, porque o Estado precisa aparecer como "agente ecumênico", que zela pelos interesses de todos. Nesse aspecto, enquanto existe marcada rigidez sobre o processo produtivo na maioria das sociedades latino-americanas, que se exprime, entre outros aspectos, na contenção salarial, certos benefícios urbanos podem e, de fato, são levados a cabo de maneira a proporcionar rendimentos políticos que frequentemente se situam numa escala muito superior ao realmente realizado.

Não é por acaso que o "urbano" está enormemente presente nos discursos governamentais, traduzindo um esforço que visa criar uma imagem em que o Estado apareça como uma espécie de entranha geradora do bem comum. Neste particular — sem esquecer a realidade das relações de força que se chocam na arena social — a assim denominada autonomia relativa do político parece comportar um amplo espaço de ação, que permite operar ideologicamente, já que as melhorias urbanas têm se tornado fecundo campo que possibilita manter e, eventualmente, ampliar a legitimidade de uma dominação que pouco concede nas esferas essenciais do processo econômico. Em termos simples: o aparato de dominação procura manter tanto quanto possível as modalidades de exploração do trabalho, apresentando maior flexibilidade em relação aos assim chamados problemas urbanos. Novamente, convém enfatizar que a possibilidade de se chegar às melhorias urbanas significativas é bastante restrito, por causa da enorme anarquia em relação à expansão de nossas cidades. Mas isso não significa que as políticas urbanas deixaram de ser objeto central das estratégias integrativas em relação às massas populares urbanas. Ao contrário, elas são constantemente utilizadas como margem de manobra para canalizar e amainar as expectativas de amplos segmentos drasticamente pauperizados.

É óbvio que o despertar da questão urbana como problema político decorre de ações reivindicativas de várias ordens e matizes que numerosos grupos desenvolvem no cenário de nossas cidades: associações de bairro, juntas de vizinhos, clubes de mães, grupos de base os mais díspares, que lutam por água, iluminação, pavimentação, saneamento, creches, postos de saúde ou policiamento, contra a alta dos aluguéis, pela legalização ou ocupação da terra, despontam em todos os cantos. Têm, direta ou indiretamente, o poder público como alvo de reivindicação, que é levada adiante por um conjunto díspar de trabalhadores pauperizados, que se percebem como espoliados em elementos básicos para sua reprodução como moradores urbanos. Mas esse emaranhado de situações torna necessário delimitar o que vem a ser luta urbana, sob pena de que toda reivindicação que se processe nas cidades venha cair debaixo desta designação. De fato, trabalhadores assalariados ou autônomos, desempregados, grupos etários ou sexuais, étnicos, religiosos e raciais, para ficar nos exemplos mais flagrantes, articulam-se e reivindicam em torno de certos objetivos específicos ou gerais. A luta poderá ser caracterizada como urbana na medida em que, ocorrendo numa base territorial circunscrita às cidades, coloque em xeque a questão da terra, habitação ou dos bens de consumo coletivo. Assim, qualquer grupo — por exemplo de mulheres que clamam por creches ou de negros que se encontram espacial e socialmente segregados de modo particular — pode estabelecer como pauta de reivindicação um problema urbano. Suas reivindicações podem ser pontuais quanto aos objetivos e aos locais da cidade ou, ao contrário, adicionar organizações díspares que passam a lutar por benefícios múltiplos e coletivos. Seu adversário é o Estado nos seus vários níveis de governo, estruturado em inúmeros órgãos especializados em fornecer determinados serviços que procuram, na sua rotina burocrática, por meio de uma gestão confinada aos aparelhos de poder, servir de colchão, amortecer as reivindicações, instrumentalizando-as de forma a gerar um suporte de legitimação política. Nesse sentido, as políticas públicas procuram gerar uma forma de hegemonia que retire das classes populares a sua iniciativa e autonomia, atomizando suas reivindicações a fim de manter o controle sobre a cidade e seus moradores: é preciso, na ótica dominante, fazer com que a obra pública apareça como uma realização do Estado, que, se assim o conseguir, realiza a fundamental tarefa de cooptação, diluindo e canalizando os conflitos das massas urbanas, que permanecem numa ilusão de participar de uma cidadania constantemente prometida e escamoteada.

Muitas vezes os assim chamados movimentos urbanos têm um caráter nitidamente policlassista, reunindo grupos díspares quanto à situação socioeconômica; em outros casos, não obstante existir uma situação diferencial quanto à inserção no processo produtivo, reúnem o que é normalmente chamado de classes populares, cujo denominador é a situação comum de exclusão quanto a benefícios socialmente básicos. Varia também enormemente a vinculação das lutas urbanas com o movimento sindical, malgrado o trabalhador explorado ser também, via de regra, o habitante urbano espoliado. Não é incomum organizações trabalhadoras colocarem na sua pauta de reivindicações a questão da moradia, dos transportes ou saneamento, ou as lutas de bairro apoiarem os grevistas nos momentos de paralisações. Mas a fusão de reivindicações que espelham faces diversas da mesma moeda supõe um grau de organização política que só é conseguido em conjunturas muito específicas. É frequente o refluxo dos movimentos para estágios de reivindicação incipientes, a ponto de ser falacioso o termo luta urbana se por isto se entender um processo de organização e mobilização relativamente estável e amplo, centrado na produção, consumo e gestão dos equipamentos e serviços, que passam pela questão da habitação e, obviamente, pelo acesso à terra. Mas a constância desses embates, no mais das vezes, permanece num âmbito politicamente estreito: malgrado sua combatividade não conseguem se transformar em *movimentos sociais*, ou seja, adicionar múltiplas esferas reivindicativas, que se transformam em forças coletivas capazes de conquistar amplos espaços políticos.

Nesse sentido, como será detalhado no próximo capítulo, é preciso refletir sobre várias experiências, tais como a guerra popular na Nicarágua, onde as organizações de bairro tiveram importância vital para o triunfo sandinista, ou os grandes *"paros nacionales"* que cercaram a cidade de Lima no final da década de 1970, estes também sediados em formas associativas calcadas em moradores espoliados; ou, ainda, as greves na região de São Paulo de 1978-1980, nas quais trabalhadores e moradores uniram-se numa síntese de resistência que é, em geral, dissociada pelo cotidiano massacrante das nossas cidades.

Mas é preciso também reconstruir a multiplicidade de formas organizativas que permanecem no âmbito estreito de suas reivindicações, voltadas a uma espécie de localismo que intenta resolver, isoladamente, seus próprios problemas. Sua tônica é o não reconhecimento das semelhanças em outros que são igualmente espoliados, deixando, portanto, de perceber os contrastes que segregam e dão sentido de luta às desigualdades que só podem ser enfrentadas coletivamente. Pela persuasão ideológica, atendimento parcial e fragmentado das reivindicações, controle das organizações populares e, frequentemente, por meio da repressão, as burocracias estatais procuram reproduzir o atomismo reivindicatório, desmobilizando as iniciativas da classe trabalhadora na sua luta pela extensão da cidadania, que passa, cada vez mais, também pela questão urbana.

Não é por acaso que a multiplicidade de reivindicações urbanas e os conflitos dela decorrentes tendem a se esfacelar, adquirindo, na melhor das hipóteses, ressonâncias destoadas e destituídas de poder de transformação. Não se trata, obviamente, da mera ausência de um regente, como se a presença de organizações políticas pudesse alterar a qualidade dos conflitos urbanos. Sem dúvida, sem partidos que deem sentido e direção às reivindicações populares, a participação de múltiplas associações continuará multifacetada e, portanto, sem se adicionar num espaço coletivo de transformação. A ocorrência de reivindicações e conflitos urbanos, oriundos da esfera do trabalho ou ainda provenientes de inúmeros grupos que procuram fazer valer os seus direitos, *de per si* não configura uma situação que garanta a polarização das contradições materiais objetivas. Não há fórmulas que, *a priori*, permitam realizar o salto entre as exclusões socioeconômicas e sua politização.[5]

Não obstante isso, o que se pode constatar é que a luta contra a extorsão consubstanciada na espoliação urbana está, sob várias intensidades e modalidades, presente nas cidades latino-americanas. De toda forma, as assim chamadas *contradições urbanas* poderão se constituir na base material a partir da qual se forje um projeto de luta que alimente os movimentos populares. Elas, certamente, constituem alguns dos fios de onde será tecida a malha que dinamiza as transformações políticas, à medida que as lutas urbanas percam o seu significado reivindicativo específico e se adicionem, juntamente com outras reivindicações, a uma dimensão de conflito que coloque a questão da alternativa de poder.

---

[5] Ver, entre outros, Manuel Castells, *La lucha de clases en Chile*, Buenos Aires, Siglo XXI, 1974.

4.
OS CAMINHOS DO ENCONTRO

4.1. CONTRADIÇÕES SOCIAIS E EXPERIÊNCIAS

Neste capítulo focalizarei as lutas sociais urbanas que ocorreram durante a década de 1970. Trata-se de um esforço teórico e metodológico que procura reconstituir os percursos dos conflitos presentes no período de resistência ao autoritarismo e que desembocaram nas greves metalúrgicas de 1978-1980, indiscutivelmente momento de auge e novo no movimento operário e sindical. Por ora interessa deixar claro que não considero possível deduzir as lutas sociais das determinações macroestruturais, posto que não há ligação linear entre a precariedade das condições de existência e os embates levados adiante pelos contingentes por ela afetados. Isto porque, malgrado uma situação variável mas comum de exclusão socioeconômica, os conflitos manifestam-se de maneira diversa e, sobretudo, as experiências de luta têm trajetórias extremamente díspares, apontando para impasses e saídas para os quais as condições estruturais objetivas constituem, na melhor das hipóteses, apenas um grande pano de fundo. Não se trata de desconsiderá-las, mas de reconhecer que, em si, a *pauperização* e a *espoliação* são apenas matérias-primas que potencialmente alimentam os conflitos sociais: entre as contradições imperantes e as lutas propriamente ditas há todo um processo de *produção de experiências* que não está, de antemão, tecido na teia das determinações estruturais.[1]

---

[1] Vera da Silva Telles, "Movimentos sociais: reflexões sobre a expe-

Antes de desenvolver este ponto, convém colocar algumas questões que parecem estratégicas para a análise das lutas urbanas. A primeira observação a ser feita refere-se ao fato de que não é a partir de seu caráter pontual e descontínuo, como tem ressaltado parte da literatura sobre o tema, que se deve inferir sua potencialidade política. De fato, espanta a alguns estudiosos que os movimentos urbanos surjam e desapareçam, num constante fluxo e refluxo, sem ter continuidade e desdobramentos aparentes. O erro dessas interpretações está em basearem-se na pulsação imediata dos conflitos sociais, tendo por referência um parâmetro também imediato de eficácia dos movimentos em constituir espaços de luta de maior envergadura. Quando uns atingem suas reivindicações e perdem seu vigor reivindicatório, são, como se costuma dizer, cooptados pelo Estado. Quando, cansados de reivindicar, eles refluem sem nada obter, a descrença na capacidade desse tipo de luta popular se generaliza.

Certamente não é por reconstruções amarradas, temporal e espacialmente, a uma história natural dos acontecimentos que se pode analisar o alcance das múltiplas e aparentemente esfaceladas lutas que se processam no cenário das nossas cidades. Por outro lado, há toda uma série de interpretações que apregoa ser o objetivo das reivindicações o fator determinante do seu horizonte político: assim, na opinião de alguns, a luta pela autoconstrução de moradias, seria, por definição, reformista ou pequeno-burguesa, porque facilmente manipulável pelas agências estatais e porque visa ao acesso à propriedade privada.[2]

---

riência dos anos 70". In: Ilse Warren e Paulo Krischke (orgs.), *Uma revolução no cotidiano: os novos movimentos sociais na América do Sul*, São Paulo, Brasiliense, 1987, pp. 64-85.

[2] Emilio Pradilla, "Autoconstrucción, explotación de la fuerza de trabajo y política del Estado en América Latina". In: Emilio Pradilla (org.), *Ensayos sobre el problema de la vivienda en América Latina*, Cidade do México, Universidad Autónoma Metropolitana, 1982, pp. 267-344.

Neste sentido, inclino-me a privilegiar as demandas ligadas às necessidades básicas de subsistência como sendo as que podem se transformar em lutas de maior alcance político, à medida que mais penetram nas contradições que estruturam as formas de domínio e exclusão de uma sociedade. Mas é necessário enfatizar que a potencialização dos conflitos não é construída do teor das reivindicações tomadas isoladamente: se o tecido social é confeccionado ponto a ponto, os caminhos descontínuos das diversas lutas só assumem sua plena dimensão no âmbito de determinadas conjunturas, quando, então, a fragmentação dos percursos cotidianos tende a se aglutinar em torno de oposições que dinamizam conflitos de caráter coletivo. Em outros termos, autoconstrução, reivindicação por terra ou serviços públicos podem tanto apresentar pouca capacidade de transformação no sentido de visar resultados parciais e isolados, como, ao contrário, se implantar dentro de um processo de confronto radical e estratégico, como foi, por exemplo, o caso dos conflitos urbanos na derrocada do somozismo na Nicarágua, ou como se apresentaram os embates nos bairros de El Salvador nos anos 1970 e 1980, claramente articulados a uma luta que colocou em xeque o capitalismo naqueles países.[3]

---

[3] "O aporte político e militar do enfrentamento em Monimbo (pequena cidade distante poucos quilômetros de Manágua) no processo revolucionário é incalculável. Mostra que a alma de uma insurreição é indiscutivelmente constituída pelo povo organizado através da estrutura dos bairros, onde estão refugiados os excedentes de trabalho expulsos ou descartados pelos centros de trabalho de nosso desenvolvimento capitalista específico, pelo menos nos setores urbanos." In: Mario Lungo, *Las políticas del Estado hacia los asentamientos populares urbanos, la reproducción de la fuerza de trabajo y las reivindicaciones urbanas*, s.d. (mimeo.), p. 61. Ver também: Mario Lungo, *Las luchas populares en El Salvador: de la reivindicación urbana hacia la insurrección urbana*, 1981 (mimeo.). No mesmo sentido podem ser analisadas as lutas de bairro em algumas conjunturas de confronto na América Latina. São os *"paros nacionales"* do Peru no final da década de 1970. Conforme Eduardo Ballon e Tereza Tovar, *Movimiento popular peruano 1976-1982: movimientos regionales y paros nacionales*, Lima, DESCO, 1982. É

Contudo, convém também ressaltar a falácia interpretativa inversa, que reside em ler os conflitos populares segundo uma concepção que lhes atribui, *a priori*, determinadas metas históricas a serem atingidas. Nada permite — como fazem algumas análises que se debruçaram sobre a realidade brasileira da década de 1970 — tomar este ponto como premissa, atribuindo uma potencialidade transformadora que seria, por definição, inerente às lutas que se desenvolvem em nossas cidades. Em outros termos, o empenho teórico e metodológico em resgatar a trajetória e significado dos vários movimentos sociais deve descartar o que se poderia denominar de visão *genético-finalista*, na acepção que será detalhada no Capítulo 7, ou seja, na qual o movimento operário teria, por um destino histórico de antemão pré-configurado, as potencialidades que, mais cedo ou tarde, levariam às lutas de maior envergadura social e política. A falácia desse esquema reside no fato de o fluxo e refluxo das lutas sociais, ao ganharem sinais positivos e negativos em função do papel que deveriam desempenhar com vistas a um horizonte de redenção pré-configurado, adquirirem um colorido interpretativo eminentemente voluntarista e dicotômico: o Estado passa a ser encarado como agente perverso do drama social, enquanto o movimento social é tido como homogêneo na sua composição e finalidades, em busca de uma autonomia organizatória e reivindicativa sempre incompleta ou simplesmente negada pela dinâmica concreta dos acontecimentos.

Ao contrário, é a partir de uma análise por dentro dos movimentos que se deve entender seus fluxos e refluxos, sua capacidade de invenção e articulação com outras forças sociais, em face de acontecimentos que se desenrolam no caminhar da luta, cujos resultados não estão, de antemão, estipulados por categorias ana-

---

também o caso das *"huelgas cívicas"* da Colômbia dos anos 1970. Ver: Paulo Sandroni, "As greves cívicas como forma de luta de massas na Colômbia: de Rojas Pinille (1953-1957) ao Pequeno Bogotazo (1977)", *Espaço & Debates*, n. 3, São Paulo, 1981, pp. 91-116.

líticas que amarram os diversos agentes a uma trama histórica previamente estabelecida.

Contudo, essa análise interna não implica focalizar os movimentos à margem ou contrapostos aos agentes sociais e políticos que estão presentes na organização e no caminhar das reivindicações e, muitas vezes, têm um peso ponderável nos resultados e objetivos perseguidos: partidos e grupos políticos e religiosos, pessoal técnico, órgãos assistenciais são, entre outros, agentes que frequentemente se mesclam aos movimentos populares, dinamizam suas reivindicações e assumem posições de liderança. Essa presença "de fora" muitas vezes visa instrumentalizá-los para objetivos que não haviam proposto, bem como, não raramente, ela acaba por dividir e esfacelar seu vigor reivindicativo. Isto não é estranho aos movimentos, mas, ao contrário, é parte integrante de seu percurso. É esse percurso — marcado por diversidades plenas de desvios, caracterizado pela constante recomposição de divisões e alianças — que cabe reconstituir, recompondo as trilhas cotidianas das lutas nos bairros e fábricas.

4.2. OS MOMENTOS DE FUSÃO DOS CONFLITOS E REIVINDICAÇÕES

Retomo e desenvolvo os argumentos apresentados no Capítulo 1, no qual afirmo que para entender a conjuntura de conflitos que marca os anos 1978-1980, época das grandes greves metalúrgicas em São Paulo e São Bernardo do Campo, torna-se necessário reconstituir as práticas moleculares que se deram nas fábricas e bairros desde o início daquela década, quando se configurava uma situação extremamente repressiva a toda forma de reivindicação social e econômica. Em termos concretos: os vastos e acirrados conflitos daquele final de decênio passam, por vias tortas e pouco perceptíveis, pela trajetória das Comunidades Eclesiais de Base da Igreja, pelos grupos ligados à pastoral operária e, mais tarde, pela oposição sindical metalúrgica; embrenham-se

Os caminhos do encontro

também no movimento contra o custo de vida, regularização dos loteamentos clandestinos e num conjunto variado e amplo de reivindicações que aglutina os moradores em torno de melhorias urbanas.[4]

Todos esses processos de luta, com seus fluxos e refluxos, constituíram-se em canais onde se sedimentou uma *experiência*, até então de *resistência*, e muito centrada nos bairros populares da cidade, que foi de fundamental importância organizativa e reivindicatória para as conjunturas de confronto do futuro: por esses percursos descontínuos, bairros e fábricas se encontram em oposição à ordem instituída, articulando práticas construídas, pouco a pouco, no cotidiano de lutas esparsas e sem aparentes conexões.

Não foi por acaso que a maioria dos especialistas, acadêmicos ou não, se tomou de surpresa quando eclodiu a greve metalúrgica de 1978 em São Paulo. Só que — agora se sabe — antes disso pequenas lutas foram se desenvolvendo de maneira não visível para aqueles que esperavam e valorizavam uma atuação restrita às instâncias organizacionais, em detrimento de fragmentadas manifestações que passaram a ocorrer nos locais de emprego, nas favelas e periferias "clandestinas", em busca de melhorias em saúde, água, esgotos, transporte coletivo, habitação ou acesso à terra.

Foram esses microacontecimentos que fizeram com que as consciências soterradas pela repressão num primeiro período se mantivessem vivas e, num momento posterior, se reavivassem de maneira coletiva num movimento de reconquista de uma identidade contra o mundo dominante, que durante longos anos sistematicamente ignorou, desarticulou ou reprimiu as iniciativas que surgiam nos locais de trabalho e de moradia: esmagado e despedaçado durante os anos de auge do autoritarismo, o vigor reivin-

---

[4] Vera da Silva Telles, "Anos 70: experiências, práticas e espaços políticos". In: Lúcio Kowarick (org.), *As lutas sociais e a cidade: São Paulo, passado e presente*, São Paulo, Paz e Terra, 2ª ed., 1994, pp. 217-52.

dicatório só pode ser plenamente resgatado, quando, além do grande cenário organizacional — sindicatos e partidos —, se desce para uma teia cotidiana de luta que transformou práticas isoladas em *experiências* que se acumularam para embates de maior envergadura.[5]

Não se trata de negar a importância de partidos e sindicatos no desenrolar dessas lutas, mas tão simplesmente de adotar um foco teórico e metodológico que incorpore e transcenda esses níveis de interpretação, procurando captar uma história que ocorre em inúmeros e não demarcados espaços sociais de resistências e mobilizações. Daí a necessidade de se realizar uma leitura dos movimentos sociais de modo a resgatar os momentos anteriores à eclosão visível dos conflitos, recuperando uma *experiência* que não pode ser lida apenas por meio dos aparatos institucionais.

Mesmo no caso da greve metalúrgica de São Bernardo do Campo de 1980, a leitura dos 41 dias de paralisação seria enormemente empobrecida se não se incorporasse à análise um conjunto extremamente rico de aglutinações que estava ocorrendo nos bairros e nas fábricas, e no qual, neste caso, a ação sindical iria se alimentar e impulsionar o movimento grevista. A opressão imperante no cotidiano fabril e a temática da reconquista de uma identidade operária são aspectos cruciais para se entender a força da greve nesta Região, onde está situado o coração industrial do País.[6] Mas esta força não se explica apenas pela capacidade de mobilização e organização sindical tomada *strictu sensu*: ela se explica também pela identificação popular com a causa metalúrgica, transformando a cidade numa ampla rede de apoio aos grevistas, onde a luta passa a contar com múltiplos e variados

---

[5] Na acepção de E. P. Thompson, *Tradición, revuelta y conciencia de clase: estudios sobre la crisis de la sociedad preindustrial*, Barcelona, Crítica, 1997.

[6] Laís Wendel Abramo, "Greve metalúrgica em São Bernardo: sobre a dignidade de trabalho". In: Lúcio Kowarick (org.), *As lutas sociais, op. cit.*, pp. 181-216.

espaços sociais de solidariedade. O auge da conjuntura — neste caso, uma greve — tem por alvo uma plêiade de reivindicações situada no mundo do trabalho fabril, mas a longa trajetória para se chegar a esta desembocadura foi alimentada por inúmeros afluentes que passaram por aglutinações construídas no cenário dos bairros populares da cidade, apontando para um momento de fusão que se forjou em díspares experiências de resistência e de conflito.[7]

Esta temática permite recolocar de maneira mais precisa a ligação entre as reivindicações do mundo do trabalho com aquelas que dizem respeito às melhorias urbanas. Nesse particular, as greves de São Bernardo e São Paulo de 1978-1980 apontam para trajetórias múltiplas e variadas, que rompem a separação entre bairro e fábrica: os embates relativos às reivindicações urbanas foram de importância na dinamização do movimento operário, inclusive no seu apoio nos momentos de conflito, generalizando práticas de resistência que inexistiriam se os bairros populares não se identificassem e envolvessem com a causa grevista; a seu turno, o movimento operário e sindical teve muitos reflexos na dinamização das lutas urbanas em busca de melhorias para os bairros populares.

É preciso insistir que os caminhos que levam ao encontro de experiências de luta fragmentadas jamais ocorrem naturalmente, como se houvesse uma vocação espontânea para a identificação de interesses. Ele se processa por meio de uma prática construída dentro de um dia a dia massacrante. Tudo leva a crer que o peso desse cotidiano funciona, no mais das vezes, como elemento desmobilizador, na medida em que a participação tem um custo imediato imensamente maior do que os resultados que se pretende atingir, sempre demorados e frequentemente não obtidos. Contudo, a descrença e o cansaço presentes nas rotinas dos dias que

---

[7] Silvio Caccia Bava, "A luta nos bairros e a luta sindical", *idem*, pp. 253-76.

76   Escritos urbanos

se sucedem entre a casa e o trabalho não impedem o surgimento de aglutinações que, em certos momentos, se transfiguram em mobilizações de maior vigor reivindicativo. Esses movimentos trazem no seu bojo uma sequência de sociabilidades forjada na vizinhança, na situação comum dos bairros desprovidos, nos atrasos dos transportes, nos acidentes e doenças, na identificação do companheiro de trabalho, e, não obstante a diversidade de trajetórias, em certas conjunturas, acabam criando formas de solidariedade mais amplas e coletivas, quando então transparece um *momento de fusão dos conflitos e reivindicações.*

Talvez não seja arriscado afirmar que — malgrado a dispersão e a fragmentação dos conflitos que permanecem em âmbitos parciais, deixando de adicionar amplas e variadas esferas reivindicativas — os pesquisadores foram treinados para captar o que há de estanque e parcializado, e têm grandes dificuldades teóricas e metodológicas para perceber e compreender que o movimento real das lutas se intercruza muitas vezes de maneira pouco perceptível e que inexiste quando se espera que semelhante adição de interesses se processe de maneira sistemática e permanente.

Não se trata, obviamente, de fazer uma fusão no plano da teoria para cobrir ou encobrir o que inexiste na realidade, mesmo porque a (des)articulação e a (des)união de cada luta concreta e, sobretudo, de suas somatórias é algo que decorre da oposição de forças sociais. Destaca-se, nesse particular, a forma como as burocracias estatais gerenciam os conflitos e reivindicações, edificadas de modo a diluir e segmentar — pela concessão, pressão ou repressão — múltiplos grupos na sua ação pela conquista de espaços socioeconômicos e políticos mais amplos.

Nesse sentido, falta ainda muito esforço teórico e de pesquisa para se obter instrumentos conceituais adequados, que deem conta da problemática referente à ligação entre *exploração do trabalho e espoliação urbana*, que, como já apontado nos capítulos iniciais, só por razões de facilidade analítica podem ser abordadas de maneira separada. Ou seja, falta ainda romper com a separação que usualmente se faz entre "esferas" da produção e reprodução da força de trabalho.[8] Nesse esforço, é preciso descartar o enfoque que coloca os movimentos que se voltam para a conquista de melhorias urbanas como meros tributários dos embates que se processam no âmbito da exploração do trabalho. Esta foi uma longa tradição que pesou não só sobre as ciências sociais, mas também na ação e concepção de grupos políticos que viam as reivindicações urbanas como mero apêndice dos conflitos do trabalho: teriam alguma razão de ser — na teoria e na prática — enquanto servissem para dinamizar o movimento operário, pois só a este cabia a missão de golpear o coração das ditas contradições fundamentais, enquanto o resto, simplesmente, seria secundário. Em síntese: "O fator determinante não é a fábrica ou o bairro, são as relações políticas entre as classes, em particular aquelas vinculadas ao processo de ocupação-transformação do Estado".[9]

Por outro lado, é preciso frisar que a temática das lutas urbanas não pode se isolar na análise das reivindicações que ocorrem no âmbito dos bens de consumo coletivo, acesso à terra ou à habitação. É preciso relacioná-la a um quadro teórico e de pesquisas mais abrangente, principalmente aquele ligado à pauperização proveniente do mundo das relações de trabalho, que constituem, pelo menos no caso de regiões mais industrializadas como São Paulo, um dos eixos dinamizadores dos conflitos. Se as lutas caminham paralelamente, existem estuários conjunturais onde elas desembocam, e o entendimento desse encontro requer um mergulho sobre a diversidade de movimentos que ocorrem tanto nas fábricas como nos bairros, a fim de captar aquilo que estou denominando *momentos de fusão dos conflitos e reivindicações*. Contudo, fusão não significa unidade, mas, ao contrário, diver-

---

[8] Tilman Evers *et al.*, "Movimentos de bairro e Estado: lutas na esfera de reprodução na América Latina". In: Vários autores, *Cidade, povo e poder*, Rio de Janeiro, CEDEC/Paz e Terra, n. 5, 1982, pp. 110-60.

[9] Manuel Castells, *Cidade, democracia e socialismo*, Rio de Janeiro, Paz e Terra, 1980, p. 81.

sidade que temporariamente apresenta elementos aglutinadores em torno de um opositor comum. Ela também não é mera somatória de experiências anteriores: se nasce da multiplicidade das lutas do passado, o seu momento de encontro apresenta algo de novo quando se redefinem as forças sociais, gerando espaços para desdobramentos do futuro.

As colocações que fiz no percurso deste capítulo partem da posição subjacente, segundo a qual as lutas sociais, entendidas como aquelas que se processam tanto no âmbito das relações de trabalho como aquelas centradas nos bairros populares, são movimentos que na sua heterogeneidade de objetivos e diversidade na composição social dos seus membros devem ser reconstituídos à luz da teoria dos conflitos de classe. Talvez uma leitura conjunta dos processos de exploração do trabalho e espoliação urbana, formulada por um percurso que reconstrua os momentos de confronto, possa constituir uma perspectiva teórica e metodológica que facilite perceber o quanto de conflito de classe existe no sentido e significado das lutas cotidianas.

5.
CIDADÃO PRIVADO E SUBCIDADÃO PÚBLICO[1]

5.1. Exclusão social e econômica

Ser mais ou menos pobre depende de um conjunto de fatores, entre os quais o triângulo grau de instrução, nível de qualificação profissional e montante de rendimentos constitui, como é óbvio, fator primordial. Mas este grande farol que ilumina a condição material de vida está, por seu turno, diretamente ligado a dois outros fatores. O primeiro, de caráter histórico e com forte tradição cultural, é o fator biológico, que diz respeito à condição de sexo e idade; nas *metrópoles do subdesenvolvimento industrializado* o trabalho infantil, feminino ou do idoso representa, no mais das vezes, acentuada exclusão socioeconômica, que se traduz em níveis de remuneração mais baixos e em situação de subordinação, na medida em que seu trabalho é socialmente percebido como acessório e complementar. O segundo, de caráter histórico e também conjuntural, refere-se à dinâmica econômica, com seus momentos de expansão e recessão. Esta afirmação só é óbvia na sua aparência, pois retrocessos ou avanços repercutem diferentemente sobre grupos, categorias ou classes sociais, em função da força de suas associações sindicais e políticas para apropriar-se de parte da riqueza produzida.

---

[1] Este ensaio é profundamente influenciado pela pesquisa realizada no âmbito CEDEC-DIEESE: Lúcio Kowarick (org.), *Modo e condição de vida: uma análise das desigualdades sociais na Região Metropolitana de São Paulo*, São Paulo, CEDEC, s.d. (mimeo.). Principalmente os capítulos a cargo de Nabil Bonduki e Vera da Silva Telles.

É flagrante, nesse sentido, que na sociedade brasileira a remuneração da imensa maioria dos assalariados não acompanhou os aumentos da produtividade do trabalho ou que, até nos momentos de expansão econômica, como visto nos capítulos anteriores, tenha havido deterioração dos rendimentos reais. Ou seja, além da espiral inflacionária que constitui a trajetória dos anos 1980 e inícios dos 1990, a sucessão de surtos e crises do período fez com que uma melhora relativa num ano se perdesse inteiramente no momento seguinte. Este fato atesta de modo flagrante a fragilidade de organização dos trabalhadores das fábricas, bancos, escritórios, escolas, lojas ou hospitais, para não falar das repartições públicas, em defender o poder de compra dos seus salários: as famílias pobres da Grande São Paulo que em 1983 representavam 43%, decresceram para 26% em decorrência do "boom" econômico de 1986; no ano seguinte, fruto da falência do Plano Cruzado, a proporção voltou a ser a do início do período considerado, ano do auge da crise econômica, quando na Região Metropolitana de São Paulo havia mais de 1,5 milhão de desempregados.[2]

Mas a exclusão social e econômica não se reduz ao que foi exposto. Além de processos socioculturais e políticos que serão explicitados no decorrer deste capítulo, vale apontar para a ausência ou precariedade do que só com ironia se pode denominar de políticas sociais compensatórias. Entre estas destacam-se os irrisórios montantes referentes ao auxílio desemprego, pensões e aposentadoria ou subsídios em relação a elementos urbanos básicos, dos quais cumpre destacar os limitados e inoperantes programas de habitação popular.

Tendo em conta o que foi antes esboçado, a diretriz analítica deste texto vai no sentido de afirmar que a moradia nas *metrópoles do subdesenvolvimento industrializado* constitui fator pri-

---

[2] Juarez Brandão Lopes e Andrea Gottschalk, "Recessão, pobreza e família: a década mais do que perdida", *São Paulo em Perspectiva*, v. 4, n. 1, São Paulo, jan.-mai. 1990, p. 102.

mordial no processo de inclusão-exclusão na vida dos trabalhadores: núcleo de sociabilidade primária onde se processa a organização da unidade familiar, aí são forjados, executados ou frustrados múltiplos projetos, carregados de consequências materiais e plenos de significados simbólicos. Apesar de sua importância, eles não se reduzem à inserção dos membros da família no mercado de trabalho, à continuidade ou interrupção dos estudos, à construção e contínua ampliação e reforma da casa própria, e só por facilidade de expressão podem ser designados de estratégias de sobrevivência.

Essas observações permitem colocar uma segunda preliminar analítica que não tem poucas consequências na interpretação dos processos sociais. Trata-se de alargar a noção de exclusão social e econômica: ela não é apenas a materialidade objetiva que decorre primordialmente do processo da venda de força de trabalho e do seu desgaste, que no caso das cidades supõe também o acesso aos bens de consumo coletivo.

Não cabe aqui discutir a trama complexa que percorre os desvios que unem objetividade-subjetividade, mas, simplesmente, repetir o que já foi enunciado no capítulo 4: as assim chamadas condições materiais objetivas — a exploração do trabalho e a espoliação urbana — nada mais são do que matérias-primas que alimentam de forma extremamente variada a ação dos grupos sociais. Isso significa dizer que as condições materiais objetivas, de *per si*, não constituem o motor das transformações sociais, pois o que importa é o processo de *produção de experiências* do qual decorrem os significados que ele passa a ter para múltiplos e frequentemente opostos atores sociais.

Enfatize-se, nesse sentido, que a análise dos processos de subordinação-insubordinação necessita privilegiar a forma como os sujeitos vivem — a experiência na acepção de E. P. Thompson — uma determinada realidade, que só pode, portanto, ser entendida quando também observada em sua magnitude valorativa e simbólica. Em outros termos: a reprodução da força de trabalho não se esgota no equacionamento da funcionalidade da exploração capitalista. Afinal de contas, crianças, jovens e mulheres, cada qual de sua forma e a seu tempo, são bem mais promissores no seu potencial de historicidade quando vistos por um olhar que não os reduz ao elo mais fraco da cadeia que engrena o exército industrial de reserva com a mão de obra engajada na produção.

A casa própria, a seu turno, advinda do extremamente penoso processo de autoconstrução, também não pode apenas ser encarada como um abrigo que protege os trabalhadores contra as intempéries do sistema econômico, nem, unicamente, enquanto modalidade que o capitalismo predatório à *latinoamérica* inventou para rebaixar os custos da reprodução da força de trabalho. É isto e muito mais, pois, se as condições de vida não escapassem das exigências do processo de acumulação, as alternativas históricas estariam de antemão impossibilitadas por um destino de submissão ou revolta contido nas determinações macroestruturais. Repitamo-lo ainda uma vez: as condições materiais objetivas constituem as fibras das quais a tecelagem permite múltiplas cores e desenhos.

5.2. MORADIA:
O MUNDO DO CIDADÃO PRIVADO

A moradia é o mundo da sociabilidade privada, o que significa dizer ajuda mútua, brigas, rivalidades, preferências, tristezas, alegrias, aborrecimentos, planos, sonhos, realizações. É, por outro lado, abrigo contra as tempestades do sistema econômico. Mas é também o *locus* onde se condensa a produção de discursos nos quais a casa própria é valorizada em relação à moradia de aluguel e onde se arquiteta a assim chamada estratégia de sobrevivência: quem sai para trabalhar, quem fica para cuidar das crianças, quem vem morar, quem está proibido de entrar na casa.

A inserção no mercado de trabalho é, sem dúvida, o ponto crucial, e fazer horas extras, vender férias, trocar de emprego, são opções no mais das vezes feitas dentro de margens extremamente limitadas. Mas também carregadas de valorizações que não são apenas de cunho monetário. Por outro lado, o ciclo de vida e a composição sexual da unidade familiar constituem fatores biológicos centrais na configuração dos níveis de exclusão social e econômica. Mas eles são também carregados de valores, dos quais o mais dramático talvez seja a determinação social de uma condição de velhice, pelo descarte precoce da força de trabalho para aqueles que ainda possuem o pleno vigor de sua energia física e mental. É também o isolamento, a marginalização e desprestígio da condição idosa de existência, em parte na dependência monetária de filhos ou parentes. Ou a sub-remuneração do trabalho infantil, juvenil e da mulher.

Esses fatores se condensam também num modelo de família, certamente em crise, mas seguramente ainda bastante presente na tradição machista de *Nuestra América*: ao chefe masculino cabe o papel de provedor dos bens de consumo essenciais; à mãe, as tarefas domésticas no caso de filhos pequenos e o trabalho tido e havido como complementar, dentro ou fora do domicílio, quando os filhos já maiores saem para a escola, normalmente conjugando o estudo com tarefas ocasionais. Modelo valorizado por uma divisão etária e sexual do trabalho, pleno de significações tradicionais, material e culturalmente em crise, pois prover para todos constitui para a mão de obra pauperizada algo só realizável em casos excepcionais, o que faz do assim chamado trabalho complementar uma atividade importante e permanente.

O ciclo e a composição da unidade familiar vão também, em boa medida, condicionar onde morar: solteiros e casais jovens sem filhos, frequentemente em moradias de aluguel, muitas vezes em cortiços e favelas, como também pessoas idosas que não conseguiram, no percurso de suas vidas, construir sua casa própria e não são aceitas ou não têm filhos, genros ou noras que lhes queiram ou possam acolher.

Casais jovens com filhos pequenos, por seu turno, não raras vezes moram em quartos cedidos, nos fundos da casa paterna, reproduzindo, por um momento, a família extensa, passo importante para a passagem ao embrião em alvenaria ou mesmo ao

Cidadão privado e subcidadão público

barraco provisório erguido em algum loteamento das múltiplas periferias: o lote no mais das vezes é clandestino do ponto de vista da legislação urbanística, porém é próprio. Com ajuda de parentes, amigos e conterrâneos, a família, lentamente, vai ampliando ou reformando uma casa plena de significados materiais e simbólicos. E este longo e tortuoso processo de autoconstrução deve ser iniciado cedo, quando a família é jovem, tornando-se cada vez mais improvável quando avança a idade do seu chefe.

Muita tinta foi e continua sendo gasta para pintar o negro quadro da autoconstrução de moradias. O rebaixamento do custo da reprodução e a dilapidação da força de trabalho advindos do sobretrabalho gratuito, como já apontado nos capítulos iniciais, bem como a disparidade entre valor cristalizado na moradia e seu preço de mercado são temas recorrentes e consistentes. Sem negar a procedência dessas afirmações, vale a pena, contudo, sugerir que podem existir novos horizontes teóricos a ser explorados: "Meu sonho é construir uma casa; morar de aluguel só dá prejuízo...". Frases como essa são repetidas milhares de vezes em todas as cidades brasileiras, todos os dias, há pelo menos 40 ou 50 anos, quando a produção de moradia de aluguel destinada às camadas pobres entra em declínio ao mesmo tempo em que assume importância a confecção de moradias por seus proprietários.

Frase plena de significados. Em primeiro lugar, porque é possível afirmar que a mercadoria habitação, feita pelo tortuoso e sacrificante processo autoconstrutivo, é o único bem material cujo preço aumenta ao mesmo tempo em que é consumido: seja pelo trabalho realizado nas constantes ampliações e melhorias, seja via benfeitorias urbanas que, bem ou mal, com o tempo, acabam atingindo este ou aquele loteamento.[3] Não estou dizendo que as melhorias injetadas no tecido urbano pelo poder público deixaram de causar a expulsão de muitos habitantes das periferias ou

---

[3] Ver Vinicius Caldeira Brant (org.), *São Paulo: trabalhar e viver*, cap. 4, "Morar em São Paulo", São Paulo, Brasiliense, 1989, pp. 71-113.

que a valorização dos imóveis não está mais no cerne da dinâmica especulativa que favorece a poucos médios e grandes proprietários. Não estou afirmando também que o valor possa ser menor do que o preço das moradias autoconstruídas, não obstante considerar que essa relação pode ser extremamente variável no tempo e no espaço.

Vou ao ponto: por caminhos tortuosos a casa autoconstruída pode ser a melhor, pois é a única possibilidade de investimento, na medida em que os gastos com aluguel não levam a qualquer forma de poupança, além da enorme instabilidade dessa forma de moradia. Resta a favela, que continua a ser a opção mais barata, mas, juntamente com o cortiço, constitui o último reduto da escala habitacional, pelas deterioradas condições materiais e simbólicas de existência presentes nessas modalidades de habitação.

Repitamo-lo ainda uma vez: não se está negando a espoliação urbana inerente à autoconstrução, mas não se pode negar também que esta solução habitacional, à diferença das outras anteriormente assinaladas, após um determinado momento, pode representar um dispêndio monetário extremamente baixo por parte da família proprietária, restrito aos gastos de manutenção da moradia. Como já mencionado, sua constante ampliação leva várias décadas, fruto daquilo que pode ser designado *trabalho cristalizado* pelo conjunto da unidade familiar por um tempo que cobre mais de uma geração: trata-se de extenuante projeto de vida, mas, em face das demais alternativas habitacionais, compensador da energia dispendida, na medida em que leva ao acúmulo de bens. Mesmo nas faixas de remuneração mais baixa, à medida que o tempo avança, as casas podem deixar de ser precárias para ganhar uma condição melhor de habitabilidade.[4]

Já foi dito que a casa não é apenas um abrigo contra as frequentes tempestades do sistema econômico. Contudo, é signifi-

---

[4] Nabil Bonduki, "Habitação e família, por que casa própria". In: Lúcio Kowarick (org.), *Modo e condição de vida, op. cit.*, pp. 346 e 355.

Cidadão privado e subcidadão público

cativo que as famílias residentes em casas próprias resistem melhor às crises oriundas de doenças, acidentes no trabalho, desemprego ou à condição da velhice, o que, na situação de aluguel, pode representar verdadeira catástrofe pessoal ou até mesmo familiar. Não por acaso moradores de favelas e cortiços provêm mais frequentemente de habitações de aluguel do que da casa própria, pois vários estudos e observações levam a afirmar que esta condição de moradia permite arranjos mais adequados para enfrentar a dinâmica espoliativa e pauperizadora de uma metrópole como São Paulo, típica do *subdesenvolvimento industrializado*.

Além de certa segurança contra as mazelas do sistema econômico e do acúmulo material, a casa própria mais facilmente conduz a uma configuração sociocultural apoiada nos símbolos de sucesso de quem venceu na vida. É a vitória de uma moralidade que valoriza a família unida, pobre porém honesta, o trabalho disciplinado, enfim, a vitória da perseverança que leva à conquista da propriedade. É a respeitabilidade daquele que, com o esforço familiar, ergueu as paredes e o teto que representam real e simbolicamente a proteção contra os perigos e violências da rua, a tranquilidade barulhenta da televisão dominical, a sociabilidade da vida íntima e, no final, a esperança de maior segurança na velhice.

Por outro lado, a já mencionada vulnerabilidade da situação de aluguel tem forte fundamento: os inquilinos, quando desempregados ou aposentados, estão mais sujeitos à mobilidade socioeconômica descendente. São também facilmente expulsos pelos proprietários quando não podem pagar os aluguéis. Isto porque nas *metrópoles do subdesenvolvimento industrializado*, na medida em que se desce na hierarquia de rendimentos, os direitos inerentes à lei de inquilinato tendem a ser substituídos pelo que pode ser chamado de legislação da selva urbana. Tudo isso faz com que a moradia de aluguel constitua um modo de viver pouco valorizado, no qual as frequentes mudanças tendem a desenraizar as pessoas e, talvez mesmo, a dificultar uma consolidação mais efetiva e afetiva dos laços familiares, elemento básico para enfrentar o cotidiano espoliativo de nossas cidades.

Mas vale insistir nos significados simbólicos da moradia. Lar, privacidade: sobre a casa própria se ilumina o imaginário da disciplina e do sucesso, enquanto sobre os cortiços e as favelas despenca a pecha de uma pobreza culpabilizada pelo fracasso, que precisa viver amontoada, onde se misturam sexos e idades. Tidos e havidos como locais que favorecem hábitos duvidosos, brigas e desorganização familiar, espaço de promiscuidade, as habitações coletivas, com seus múltiplos e congestionados cubículos, e as favelas, por expor a pobreza numa situação de flagrante ilegalidade urbana, são particularmente estigmatizadas como locais de imoralidade, e daí o passo para a suspeição de vício e até de criminalidade. Ou seja, os discursos construídos sobre a intimidade na moradia parecem ter forte poder na separação do que é tido como ordem e desordem social: "chama a atenção nisso tudo o quanto a noção do 'trabalhador honesto', do 'chefe de família responsável' ou do 'pobre ordeiro' é carregada de um conteúdo de moral que faz referência a uma noção de ordem legítima de vida inteiramente construída na perspectiva da via privada".[5]

5.3. A CIDADANIA NA METRÓPOLE DO SUBDESENVOLVIMENTO INDUSTRIALIZADO

A década de 1980 em São Paulo trouxe transformações de grande significação socioespacial: os níveis de pobreza diminuíram relativamente mais na zonas periféricas da Cidade, não obstante os contingentes de baixa remuneração continuarem sendo mais numerosos nessas áreas mais externas do Município.[6] Isso

---

[5] Vera da Silva Telles, "A pobreza como condição de vida: família, trabalho e direito entre as classes trabalhadoras urbanas", *São Paulo em Perspectiva*, v. 4, n. 2, abr.-jun. 1990, p. 39.

[6] Ver Raquel Rolnik, Lúcio Kowarick e Nádia Somekh (orgs.), *São Paulo: crise e mudança*, São Paulo, Brasiliense, 1990.

ocorreu por um conjunto de fatores — aumento do preço da terra, do tempo de locomoção e custo dos transportes coletivos, legislação mais rigorosa quanto ao parcelamento do solo e a própria pauperização. A autoconstrução, que foi a modalidade dominante de moradia nas décadas de 1950 a 1970, em épocas mais recentes, sofreu, senão um esgotamento, pelo menos uma reversão considerável no seu ritmo de crescimento.

Tal fato deverá ter significativas consequências socioculturais e políticas, pois representa para milhões de pessoas o término do sonho da casa própria e o caminho e a permanência em cubículos de aluguel ou em barracos de favela. Isso porque, como dito anteriormente, está em crise uma trajetória de vida prevalecente em décadas passadas, apoiada no esforço e nas recompensas materiais e simbólicas da conquista da propriedade privada. Essa questão, contudo, só pode permanecer no campo das perguntas que devem esperar por pesquisas mais sistemáticas e abrangentes, mesmo porque viver em casas próprias, em cortiços ou favelas constituem condições de vida extremamente díspares não só entre si, mas também dentro da mesma situação de moradia.

De toda forma, a expansão e consolidação em massa de modalidades extremamente espoliativas de habitação, marcadas por falta de higiene e privacidade, onde é frequente a lei da selva urbana, extremamente desvalorizada do ponto de vista social, foco especial da atenção policial e de um discurso que discrimina esses locais como núcleos de degenerescência, o acúmulo de pessoas nos cortiços e favelas constitui o contraponto material e simbólico da casa própria.

Não resta dúvida de que é falaciosa qualquer ligação mecânica entre local de moradia e suporte a determinadas concepções sociais ou políticas, porque além de muitos outros processos intervenientes, os múltiplos pedaços das áreas da Cidade são díspares quanto aos seus padrões de renda e graus de espoliação urbana. Contudo, morar em favelas e cortiços representa, sem dúvida, marcante condição discriminatória de existência. Dessa forma, talvez não seja descabida a afirmação de que esses locais de moradia constituem núcleos passíveis de dinamizar a produção de percepções de caráter mais coletivo. Nesse sentido, já se relacionou o apoio a interpelações políticas de cunho autoritário--moralista, o janismo dos anos 1980, com formas de inserção urbana presentes em alguns bairros situados "do outro lado da cidade". Trata-se de uma identidade social fortemente marcada pelo ressentimento que advém de um traço inferiorizador de *status* decorrente de uma residência "mal localizada".[7]

Assim, parece plausível supor que a situação de vida nos cortiços e favelas dificilmente será um atributo neutro na confecção das assim chamadas concepções de mundo. Sem dúvida, os reflexos sociais e políticos dessa condição discriminatória de moradia irão depender dos embates e debates que cortarão os cenários de São Paulo. Por ora, pouco se pode dizer sobre suas matrizes discursivas, mas é possível que elas não decorram apenas de uma situação habitacional marcadamente insalubre e promíscua, onde impera a lei da selva urbana: o que pode ser designado de "estigmatização do *status* de cidadão enquanto morador urbano", que se condensa no imaginário, que constrói uma leitura do cortiço e da favela como germes de moralidade duvidosa e foco de transgressão, é algo que pode ter um peso ponderável na construção das identidades e percepções de muitos moradores da Metrópole.

Há mais conhecimentos acumulados acerca dos processos socioculturais e políticos ligados à autoconstrução de moradias realizada nas periferias desprovidas de benfeitorias públicas; mas, também neste ponto, deve-se ter cuidado em generalizar, mesmo porque, entre outras coisas, as múltiplas zonas e bairros da Cidade têm experiências diversas quanto às lutas levadas adiante por movimentos sociais e partidos políticos, isso para não falar da presença da Igreja e da própria ação do Estado.

---

[7] Antonio Flávio Pierucci, "A direita mora do outro lado da cidade", *Revista Brasileira de Ciências Sociais*, Rio de Janeiro, v. 4, n. 10, junho de 1989, p. 49.

Contudo, dentro dessa enorme diversidade social que se esconde por trás da casa autoconstruída, ressurge com pleno vigor o que pode ser nomeado de *cidadão privado*: aquele que, com seu esforço e perseverança, venceu na vida, pois ergueu durante muitos e penosos anos a sua própria casa. Núcleo de sociabilidade baseada em contatos primários, ela encarna a realização de um projeto individual de existência: a segurança real e simbólica da propriedade.

No entanto, há que se dizer que a ideia de *cidadão privado* é um contrasenso, pois cidadania significa conquistas coletivas, impulsionadas por uma concepção de universalidade cujo fundamento é o direito de ter direitos: cidadania faz apelo à condição de coisa pública.[8] Ao contrário, privado tanto significa particular ou restrito, que diz respeito a poucos e que alude ao isolado e oculto, como tem o sentido de perda ou privação. Em ambas as acepções o termo constitui a inversão dos princípios de extensão da cidadania: como será detalhado no próximo capítulo, o espaço público de nossas cidades — a rua — é o espaço da violência, enquanto o espaço privado — a casa — constitui um abrigo de segurança.[9]

Assim, a organização familiar arquitetada em torno da casa própria é vista como um resguardo contra os desrespeitos, medos e violências que caracterizam a vida nas ruas. É claro que as lutas que ocorrem nos bairros e no mundo do trabalho representam avanços reivindicativos e organizatórios importantes na defesa e conquista de direitos básicos. Mas não se pode negar que muitos engajamentos políticos, embates por melhorias urbanas ou greves representam também experiências de decepção, descrédito ou mesmo de derrota. Neste sentido, também deve ser relembrada a forte e arraigada pecha que desaba sobre as classes tra-

---

[8] Conforme Hanna Arendt, *A condição humana*, Rio de Janeiro, Forense Universitária, 4ª ed., 1989.

[9] Roberto Damatta, *A casa e a rua*, Rio de Janeiro, Guanabara, 1987.

balhadoras, tidas e havidas como desordeiras ou contestatórias nos momentos em que lutam para conquistar suas reivindicações. Daí o temor das causas públicas, a valorização do privado como espaço de segurança. Daí o encolhimento da vida social na sociabilidade primária da família. Vale a longa citação:

"[...] esse encapsulamento no universo privado da família registra e traduz no plano simbólico as condições imperantes numa sociedade em que o capital solapa [...] as possibilidades de constituição de uma vida pública que se abra inclusive para a vida política e sindical, em que vigora uma concepção corporativa e restrita de cidadania, [...] uma tradição na qual a política é vista como assunto privado, [...] a criminalização, estigmatização das classes trabalhadoras, periodicamente transfiguradas, em momentos de movimentação popular, grevista ou sindical, nas 'classes perigosas' a serem reprimidas e combatidas."[10]

A casa própria — esforço condensado de muitos anos, símbolo de vitória — constitui refúgio de características eminentemente defensivas em *metrópoles do subdesenvolvimento industrializado*, cuja característica básica é fazer do espaço público um espaço eminentemente excludente e violento. Assim, devido à condição generalizada de subcidadania, a autoconstrução de uma percepção de moralidade e dignidade tende a se solidificar nos valores e símbolos edificados em torno de projetos individuais: é o primado do *cidadão privado*. Projeto tradicionalista, conservador? Talvez sim, talvez não. Mas, indiscutivelmente, um projeto ainda massivo e em crise, e, provavelmente, de enormes consequências socioculturais.

---

[10] Vera da Silva Telles, "Conclusão". In: Lúcio Kowarick (org.), *Modo e condição de vida, op. cit.*

6.
FATIAS DE NOSSA HISTÓRIA RECENTE

6.1. O MOMENTO DA RESISTÊNCIA:
AS MACRODETERMINAÇÕES

"Na medida em que a iniciativa social e política dos trabalhadores estiver bloqueada, será difícil vislumbrar uma cidade verdadeiramente humana em São Paulo. Pois é o capital — e não a força de trabalho — que deteriora a vida metropolitana. Para o capital a cidade é fonte de lucro. Para os trabalhadores é uma forma de existência."[1]

O livro escrito para a Comissão de Justiça e Paz da Arquidiocese de São Paulo em meados dos anos 1970 apontava para fatos e processos que hoje podem parecer banalidades. Por exemplo: no auge do "milagre econômico", por volta de 1970, quando o produto interno crescia a taxas superiores a 10% ao ano, ao mesmo tempo aumentavam os índices de mortalidade infantil, basicamente em razão das doenças infecciosas causadas pelo binômio deterioração nas condições de saneamento ambiental e subnutrição. Assinalava-se também que as condições urbanas de trabalho e remuneração haviam piorado em pleno coração industrial do País, sede da indústria automobilística, orgulho nacional.

---

[1] Lúcio Kowarick e Vinicius Caldeira Brant (orgs.), *São Paulo, 1975: crescimento e pobreza*, São Paulo, Loyola, 1976, p. 61.

Ainda mais: que este rebaixamento era em boa medida responsável pelo aumento da riqueza que se concentrava em torno de minguado círculo.

Em outros termos, relacionava-se a aceleração do crescimento com o alastramento da pobreza e, numa outra passagem, sugeria-se que o chamado "milagre brasileiro" estava sendo orquestrado por um santo perverso, que com uma mão dava a alguns o que com outra retirava de muitos: afirmar que a lógica que presidiu o crescimento econômico durante o regime militar apoiava-se no acirramento da exclusão teve, literalmente, efeitos bombásticos.[2]

Cumpre ressaltar que, para além de outros resultados na interpretação das relações entre crescimento e pobreza, começava a ser valorizada uma leitura diversa na configuração das condições urbanas de vida. Sem negar a importância das relações de produção e dos níveis de remuneração, o estudo em pauta valorizava uma trilha interpretativa que não se atrelava ou se reduzia ao processo de exploração do trabalho e dos graus de pauperização dele decorrentes. Este continuava central na explicação da exclusão socioeconômica imperante nas cidades brasileiras, mas, ao mesmo tempo, vislumbrava-se outra forma de problematizar a assim chamada "reprodução da força de trabalho": custos e tempo de locomoção gastos nos transportes coletivos, precariedade dos serviços de saúde, a condição de vida nos cortiços e favelas, o acesso e permanência na escola, ou o trabalho gratuito realizado na construção da casa própria, situada em terrenos clandestinos, desprovidos de serviços básicos.

Estes e outros temas passaram a ser objeto de um esforço interpretativo que procurou detectar na problemática urbana um

---

[2] No início de setembro de 1976 o CEBRAP sofreu um atentado à bomba reivindicado pela Aliança Brasileira Anti-Comunista. Isto ocorreu logo após a publicação do livro *São Paulo, 1975: crescimento e pobreza*, tido como "subversivo" pelo coronel Erasmo Dias, então Secretário de Segurança do Governo de São Paulo: "Essa é minha bíblia", disse ele, "eu leio esse livro todos os dias para ficar com ódio" (*Folha da Tarde*, 7/9/1976).

conjunto de exclusões que tinha reflexos não só na qualidade de vida, mas na própria vida dos habitantes de nossas cidades. Por outro lado, essas necessidades cotidianas tornaram-se, no percurso dos anos 1970, em momentos anteriores à eclosão das greves metalúrgicas de 1978-1980, mola impulsionadora de movimentos reivindicativos que pipocavam de modo isolado e pontual em milhares de bairros populares.[3]

Implícita no *Crescimento e pobreza* de São Paulo de 1975, a noção de *espoliação urbana* apareceu no final do decênio.[4] Nesse instante interpretativo, dizia-se que os "problemas urbanos" deviam ser analisados associados à "dinâmica de acumulação de capital", pois é ela que gera, em última instância, a configuração espacial de uma cidade e os diferentes graus de inclusão-exclusão em termos de acesso aos benefícios. Em outras palavras, o conflito social (de classes) espelha-se no tecido urbano gestando contínuos e variados processos de produção e apropriação dos espaços construídos. Sua expressão mais visível reside na segregação socioeconômica e espacial imperante nas áreas desigualmente providas de bens e serviços: constatava-se que, ao valorizar certas áreas, as populações pobres que não podem pagar o assim chamado "preço do progresso", são delas expulsas, e desta forma, novas zonas periféricas destituídas de benfeitorias básicas são constantemente produzidas, aumentando a espoliação urbana, o caos urbano e os custos de urbanização.[5]

---

[3] Em relação ao tema das lutas urbanas durante a década de 1970, ver, entre outros: Paul Singer e Vinicius Caldeira Brant, *São Paulo: o povo em movimento*, Rio de Janeiro, Vozes, 1980. Ou ainda: José Álvaro Moisés, "Estado, as contradições urbanas e os movimentos sociais", *Revista de Cultura e Política*, São Paulo, CEDEC, 1979.

[4] Conforme Lúcio Kowarick, *A espoliação urbana*, Rio de Janeiro, Paz e Terra, 1979, p. 59.

[5] Há inúmeros trabalhos que analisam a questão da segregação urbana. Ver Eva Blay, *A luta pelo espaço*, Petrópolis, Vozes, 1978; e Licia do Prado Valladares (org.), *Habitação em questão*, Rio de Janeiro, Zahar, 1980. Mil-

Ligada a esse processo, a análise sublinhava a importância da ação estatal na geração direta ou indireta de bens e serviços que se tornam elementos indispensáveis para a reprodução da força de trabalho e para a expansão do capital. Preconizava-se que seria dessa polaridade que decorriam as lutas que opõem os interesses das classes trabalhadoras em obter mais e melhores serviços e equipamentos públicos e as necessidades de vultosos investimentos — energia elétrica, comunicações, transportes — que servem como dinamizadores da reprodução ampliada da acumulação capitalista. Nesse sentido, o Estado "politiza-se" ao tornar--se alvo de acirradas pressões e reivindicações: por causa desse tipo de oposição (de classes) ele se torna o núcleo dos conflitos.[6]

Do ângulo propriamente dos padrões de vida das camadas populares, alguns escritos da época também ressaltavam a similitude de condições entre trabalhadores explorados e moradores espoliados, na medida em que é o caminhar da criação e distribuição de riquezas que gera essa dupla face de um mesmo processo. Apesar disso, assinalava-se a existência de relativo grau de autonomia entre essas duas modalidades de exclusão. Assim, por exemplo: mesmo quando os graus de pauperização fossem mantidos

---

ton Santos foi um dos autores que mais trabalhou a desigualdade social do espaço. Por exemplo: *Metrópole corporativa fragmentada: o caso de São Paulo*, São Paulo, Nobel, 1990.

[6] Ver: Francisco de Oliveira, "Acumulação monopolista, Estado e urbanização: a nova qualidade do conflito de classes". In: *Contradições urbanas e movimentos sociais*, Rio de Janeiro, CEDEC/Paz e Terra, n. 1, 1977; ou José Álvaro Moisés e Verena Martinez-Alier, "A revolta dos suburbanos ou patrão, o trem atrasou", *idem*. A polêmica quanto ao Estado e os movimentos sociais foi intensa nos anos 1970 e 1980. Ruth C. Cardoso fez uma das primeiras críticas acirradas aos estudos que colocavam a relação entre Estado e movimentos sociais sempre *a priori* e em termos polares e opostos: "Movimentos sociais urbanos: balanço crítico". In: Bernardo Sorj e Maria Hermínia Tavares de Almeida (orgs.), *Sociedade e política no Brasil pós-64*, São Paulo, Brasiliense, 1984. Ver também Carlos Nelson Ferreira Santos, *Movimentos urbanos no Rio de Janeiro*, Rio de Janeiro, Zahar, 1981.

inalterados ou rebaixados, os padrões urbanos de vida em termos de serviços e equipamentos coletivos, subsídios à habitação ou facilidade de acesso à terra poderiam melhorar ou piorar, em função da capacidade de pressão que as aglutinações de bairro mostrassem em termos de pressionar e obter das esferas públicas respostas efetivas às suas reivindicações. Este é o tema das lutas urbanas.

Já não se afirmava que era o tipo de reivindicação o fator primordial para qualificar a qualidade da luta. Mas algumas análises ainda priorizavam a terra ou, mais precisamente, a luta contra a propriedade privada, enquanto elemento potencialmente mais apto para gerar confrontos de maior envergadura. Apontava-se a dinâmica interna do grupo que reivindicava como fator importante na trajetória da mobilização, mas, ao mesmo tempo, sublinhava-se a importância dos conflitos advindos da exploração do trabalho e da espoliação urbana como estratégicos para a radicalização das clivagens entre dominantes e dominados. Para a maioria dos escritos da época, isso significava que as reivindicações étnicas, de gênero ou etárias, em face das magnitudes e cruezas dos problemas da existência cotidiana, eram vistas como secundárias ou mesmo marginais enquanto mobilizadoras de aglutinações: na formação de identidades e oposições sociais e políticas pesavam os processos que geravam uma condição material objetiva de pobreza.

Sem dúvida, nessas modalidades interpretativas abriam-se espaços para análises de conjunturas políticas e para as trajetórias de luta levadas adiante pelos grupos populares. Mas o que dava a coloração teórica deste quadro de embates e debates entre os diversos e muitas vezes radicais oponentes eram as tonalidades das tinturas advindas das assim chamadas "determinações macroestruturais", abordagem cuja crítica expus no Capítulo 4.[7]

---

[7] Muitos autores utilizaram-se desse instrumental interpretativo que hoje aparece superado. Prefiro citar-me: Lúcio Kowarick, "O preço do progresso: crescimento econômico, pauperização e espoliação urbana". In: *Cidade, povo e poder*, São Paulo, CEDEC/Paz e Terra, n. 5, 1982.

Por outro lado, deve-se assinalar que as macrocaracterizações das sociedades de industrialização tardia, em voga na literatura sociológica latino-americana dos anos 1960 e 1970, seguiam as linhas traçadas pela "teoria da marginalidade".[8] Uma dessas vertentes postulava que a população posta à disposição do processo de expansão capitalista, longe de ser "excessiva" ou "desnecessária", constituía elemento de magna importância para dilapidar boa parte da mão de obra, seja pela exploração do trabalho, seja pela inexistência ou precariedade de serviços coletivos, no mais das vezes prestados pelos órgãos públicos.[9]

Assinale-se que, também por este ângulo interpretativo, voltavam à cena as "determinações macroestruturais". Neste caso, a ótica era o volume da mão de obra que, por causa da sua amplidão, permitia ao capitalismo nativo crescer depredando a energia de grande parte daqueles que levavam adiante as engrenagens produtivas. A vasta reserva de braços constituiria, dessa forma, um pesado ônus na organização sindical e política dos trabalhadores: eles partiam para as lutas sociais carregando a sina de uma debilidade de classe de antemão preconfigurada.[10]

Em sentido inverso, mas com a mesma conotação teórica, como será visto no capítulo final deste livro, chamam a atenção algumas análises que prevaleceram nas décadas de 1970 e 1980,

---

[8] Cabe ressaltar a polêmica entre José Nun, "Superpoblación relativa, ejército de reserva y masa marginal", *Revista Latinoamericana de Sociología*, v. 5, n. 2, julho de 1969; e Fernando Henrique Cardoso, "Participação e marginalidade: notas para uma discussão teórica". In: *O modelo político brasileiro*, São Paulo, DIFEL, 1972.

[9] Lúcio Kowarick, *Capitalismo e marginalidade urbana na América Latina*, Rio de Janeiro, Paz e Terra, 1975.

[10] Há toda uma literatura que enfatiza a debilidade das classes trabalhadoras em se constituir enquanto sujeito social e político. Uma posição crítica em relação a esta concepção está em: M. C. Paoli, V. da Silva Telles e E. Sader, "Pensando a classe operária: os trabalhadores sujeitos ao imaginário acadêmico", *Revista Brasileira de História*, São Paulo, n. 6, 1984.

nas quais o movimento popular, devido ao caráter crescentemente espoliativo de nossas cidades, estaria destinado a desenvolver lutas de qualidade sempre superior. Tratava-se de uma versão cabocla do "desenvolvimento do subdesenvolvimento" na qual se postulava não só a crescente deterioração das condições de vida, mas, sobretudo, que essa queda nos níveis de vida estava na raiz de ações de cunho anticapitalista por parte de grupos urbanos pobres.[11]

Se no enfoque anterior antecipava-se uma possibilidade de derrota, agora, também por uma espécie de vocação metafísica, apostava-se na transformação radical da sociedade: marcadamente evolucionista, esse esquema também se apoia em uma leitura dedutiva das lutas sociais, no sentido de que elas se calcam em macrocondições materiais objetivas. Trata-se de estilos de interpretação destituídos de mediações históricas e conjunturais, nos quais a espoliação urbana ou a exploração do trabalho tornam-se variáveis explicativas, cuja causalidade residiria no agravamento das exclusões sociais e econômicas.

6.2. O MOMENTO DA TRANSIÇÃO: ATORES E MOVIMENTOS SOCIAIS

Vale repetir o que já foi dito no Capítulo 4: "Quero deixar claro que não considero possível deduzir as lutas sociais das determinações macroestruturais, posto que não há ligação linear entre precariedade das condições de existência e os embates levados adiante pelos contingentes por ela afetados".

Não é destituído de sentido que este parágrafo tenha sido escrito após as greves operárias do final dos anos 1970, precedidas pelo movimento da Anistia, das eleições que marcaram o per-

---

[11] Críticas a essas posições podem ser encontradas em Fernando Henrique Cardoso, *Autoritarismo e democratização*, Rio de Janeiro, Paz e Terra, 1975, principalmente cap. 1, "As novas teses equivocadas".

curso daquela década ou das manifestações que lotaram as praças a fim de combater o aumento do custo de vida. Mas também precedidas por inúmeras e variadas lutas em busca de melhorias urbanas que pipocaram com variável grau organizativo e diferente tipo de reivindicação nos milhares de bairros das periferias de nossas cidades.

O próprio caminhar dos embates sociais e dos debates teóricos abria-se para novos horizontes políticos e interpretativos e trazia outras leituras sobre o que era importante detectar nos múltiplos cenários das cidades brasileiras. Sem dúvida, as referências macroestruturais continuaram presentes em muitos esquemas interpretativos. Mas o fulcro da teia explicativa deixou de privilegiar o aumento das exclusões econômicas e sociais: o questionamento do por que os grupos se mobilizam deixou de se ater aos graus de carências ou marginalizações, sejam eles advindos do mundo do trabalho ou daqueles que marcam o cotidiano dos bairros populares.

Parece ter ocorrido um deslocamento analítico de certa importância, pois nesta ótica os atores sociais produzem tramas que estão referenciadas mas não atreladas às condições materiais objetivas. Em suma: não importa mais a magnitude da exploração, espoliação ou opressão, mas o significado que grupos, categorias ou classes atribuem a esses processos. Assim, no tocante aos movimentos sociais, uma das perguntas passou a ser: como se produzem *experiências coletivas* a partir de *vivências* dessas formas de exclusão social, econômica ou política?[12]

Retomo a noção de *espoliação urbana*, pois considero que pode ser útil para tentar esclarecer essas questões de ordem teórica. Vale ressaltar que, à diferença de trabalhos anteriores, sua definição mais recente não mais inclui a ideia de aguçamento da

---

[12] Quem melhor trabalhou o conceito de experiência tendo em conta a dinâmica dos movimentos sociais urbanos foi Eder Sader, *Quando novos personagens entram em cena*, São Paulo, Paz e Terra, 1988.

dilapidação de força de trabalho.[13] Isto significa, inicialmente, que a discussão da reprodução urbana dos trabalhadores deixou de privilegiar a questão da reserva de mão de obra. Como já foi visto, tal colocação encapsula a ação social nas amarras das determinações macroestruturais: o excesso de mão de obra seria um peso que, por via de um postulado deduzido das leis gerais da acumulação capitalista, faria a balança das lutas sociais pender invariavelmente em prejuízo das camadas dominadas. Em outros termos, em vez de atrelar a análise das condições urbanas de existência às vicissitudes da expansão capitalista e deduzir as lutas sociais da precariedade que as caracterizam, parece analiticamente mais promissor indagar o significado que essa materialidade tem para os múltiplos atores que se enfrentam na arena social.

Nesse sentido, existem numerosos caminhos teóricos que, não obstante situarem-se em posições interpretativas diversas, apresentam como denominador comum a revalorização da questão da "subjetividade social". "Subjetividade social" na acepção de produção simbólica realizada por atores coletivos que vivenciam, interpretam, confeccionam discursos com seus sinais positivos e negativos sobre uma determinada situação concreta: o ensaísmo sobre a questão da *dignidade*, as reflexões advindas da filosofia política sobre o tema dos *carecimentos* e a historiografia, marxista ou não, que, ao refletir sobre as dinâmicas da insubordinação ou da obediência, introduzem a problemática da *economia moral* e da *justiça*, constituem alguns empenhos que procuram discutir a vasta e aberta problemática dos movimentos e das mudanças sociais.[14]

---

[13] Lúcio Kowarick, "Cidadão privado e subcidadão público", *São Paulo em Perspectiva*, São Paulo, v. 5, n. 2, abr.-jun. 1991. Este artigo constitui o Capítulo 5 deste livro.

[14] Respectivamente: Simone Weil, *A condição operária e outros estudos sobre a opressão*, Rio de Janeiro, Paz e Terra, 1979; Agnes Heller, *O cotidiano e a história*, Rio de Janeiro, Paz e Terra, 1972; E. P. Thompson, *Tradición, revuelta y conciencia de clase: estudios sobre la crisis de la socie-*

Balizado por essa vasta e diversa tradição interpretativa, volto à noção de *espoliação urbana*, que pode servir para esclarecer o que foi anteriormente designado como produção de um discurso sobre uma exclusão social ou econômica. Ela se refere, inicialmente, à ausência ou precariedade de serviços de consumo coletivo que, junto com o acesso à terra, se mostram socialmente necessários à reprodução urbana dos trabalhadores. A ideia aí contida é que não só existe necessidade de ter acesso a água encanada ou ruas pavimentadas, aulas de matemática, exames cardiológicos ou endoscópicos, mas que se trata de uma construção histórica que decorre das lutas sociais e, portanto, transcende a uma lógica que seria imanente à expansão do capitalismo.

Nesse sentido, a *espoliação urbana* só pode ser entendida como produção histórica que, ao se alimentar de um sentimento coletivo de exclusão, produz uma percepção de que algo — um bem material ou cultural — está faltando e é socialmente necessário. Dessa forma, a noção contém a ideia de que o processo espoliativo resulta de uma somatória de extorsões, isto é, retirar ou deixar de fornecer a um grupo, categoria ou classe o que estes consideram como direitos seus. Não na acepção de legislação positiva, mas no sentido de uma percepção coletiva segundo a qual existe legitimidade na reivindicação por um benefício e que sua negação constitui *injustiça*, *indignidade*, *carecimento* ou *imoralidade*: o legítimo pode institucionalizar-se e até transformar-se em norma jurídica. Mas igualmente vital é o lento, oscilante e contraditório processo de desnaturalização da violência que impregna a banalidade do cotidiano nas *metrópoles do subdesenvolvimento industrializado*. Colocada dessa forma, penso que a problemática das lutas urbanas pode enfrentar de modo teoricamente mais calibrado os vários aspectos das exclusões que desabam sobre os moradores e trabalhadores de nossas cidades, bem

---

dad preindustrial, Barcelona, Crítica, 1977; Barrington Moore Jr., *Injustiça: as bases sociais da obediência e da revolta*, São Paulo, Brasiliense, 1987.

Fatias de nossa história recente

como o lento e oscilante processo de institucionalização de direitos, o que abre a discussão para os embates e debates ligados à extensão da cidadania.

6.3. O MOMENTO DA REDEMOCRATIZAÇÃO: A QUESTÃO DA CIDADANIA[15]

Não há dúvida de que o Brasil conheceu, fundamentalmente a partir dos anos 1980, significativo avanço em termos de participação eleitoral. De fato, se compararmos os 7,4 milhões que votaram em 1945, representando 16% da população, com os mais de 100 milhões de eleitores presentes no pleito municipal de 1996 — dois terços da população —, não se pode dizer que há *déficit* de democracia no sistema político brasileiro. Também pelo ângulo da competição partidária, do controle sobre as fraudes na apuração dos votos e da renovação periódica dos governantes por meio de normas legais, houve consolidação de processos normalmente associados às condições modernas de democracia.

Mas o que se constata é uma sociedade que avança nos direitos políticos enquanto a cidadania nas suas dimensões civis — em particular, a igualdade perante a lei — e sociais — acesso à educação, proteção à saúde, aposentadoria, condições de trabalho etc. — continua extremamente precária para a grande maioria da população pobre. Vale ressaltar, neste sentido, que apenas 10% da população que vota tem rendimentos suficientes para declarar imposto de renda. Isso significa que a imensa maioria que participou das eleições no Brasil encontra-se numa condição de pobreza tal que a torna inexistente para fins de arrecadação tributária. Só esses dados seriam suficientes para refletir acerca de um sistema

---

[15] Ver o trabalho de Vera da Silva Telles, *A cidadania inexistente: incivilidade e pobreza. Um estudo sobre o trabalho e a família na Grande São Paulo*, Tese de Doutorado em Sociologia, FFLCH/USP, 1992 (mimeo.).

político que segue as regras democráticas, mas não consegue diminuir as vastas exclusões sociais e econômicas: como pode haver liberdade política e extrema desigualdade social e econômica?

Essa problemática da democracia no Brasil tem sido tratada por diversos ângulos e, neste capítulo, só cabe retomar alguns temas que constituem pontos de partida para investigações que se fazem cada vez mais necessárias. Nesse sentido, deve-se observar inicialmente a flagrante desarticulação das burocracias estatais, com consequências nefastas para os padrões de governabilidade, na acepção de implementação de políticas públicas. Isso num quadro de aumento do desemprego e acentuada deterioração dos serviços públicos. Cito um texto que relaciona a crise do Estado e suas condições urbanas de existência:

> "[...] o crescimento do crime, as intervenções ilegais da polícia nos bairros pobres, a prática disseminada da tortura e mesmo a execução sumária dos suspeitos pertencentes aos bairros pobres ou de alguma forma estigmatizados, [...] a impunidade no comércio de drogas e o grande número de crianças abandonadas nas ruas [...] refletem não apenas um grave processo da decadência urbana. Elas também expressam a crescente incapacidade do Estado para tornar efetivas suas próprias regulações."[16]

Numa sociedade onde imperam os processos acima assinalados, ficam comprometidos os princípios de cidadania, pois coloca-se em xeque o núcleo que define as atribuições exclusivas do Estado moderno, o monopólio legítimo da violência. Mencione-se, nesse particular, as 3.563 pessoas mortas pela Polícia Militar

---

[16] Guillermo O'Donnell, "Sobre o Estado, a democratização e alguns problemas conceituais: uma visão latino-americana com uma rápida olhada em alguns países pós-comunistas", *Novos Estudos CEBRAP*, São Paulo, n. 36, julho de 1993, p. 129.

da Região Metropolitana de São Paulo entre 1984 e 1989, numa aceleração crescente, que atinge 585 pessoas em 1990, 805 no ano seguinte, alcançando o explosivo montante de 1.190 casos em 1992. Apesar de sensível redução, no quadriênio seguinte ainda se registram 1.093 pessoas que perderam a vida:[17] muitos são meros transeuntes sem antecedentes criminais ou praticantes de delitos leves.

Deve-se assinalar que essas mortes decorrem da ação policial efetuada legalmente, isto é, quando os integrantes da PM estão em serviço. Esta afirmação adquire significado quando se sabe que é frequente o assassinato realizado por policiais militares em período de folga, já que, em 1991-1992, 549 pessoas perderam a vida em decorrência desse tipo de ação criminosa. Daí a frase lapidar: "quem define, na prática, a cidadania é a polícia".[18] Outra face da mesma moeda: a média mensal dos roubos ocorridos na RMSP sobe de cerca de 4 mil em 1984 para mais de 8,7 mil em meados da década de 90, enquanto os homicídios dolosos, numa aceleração crescente, passam de 293 para quase 700 ocorrências mensais em 1995, grande parte classificada pelos especialistas como "assassinatos banais".[19]

Isso para não mencionar incontáveis humilhações, agressões, extorsões, espancamentos e torturas, furtos ou roubos realizados por policiais e bandidos, que atingem, particularmente, as populações pobres que moram nas periferias da Metrópole, que simplesmente não fazem parte das estatísticas oficiais: por medo de represálias as pessoas se calam, pois a assim chamada lei do silêncio passou a ser um traço presente na sociabilidade do dia a dia.[20]

---

[17] Secretaria de Segurança Pública do Estado de São Paulo, São Paulo, Comando do Policiamento Militar/PROAR, s.d. (mimeo.).

[18] José Murilo de Carvalho, "Interesses contra a cidadania". In: Vários autores, *Brasileiro cidadão*, São Paulo, Cultura, p. 90.

[19] *Jornal da Tarde*, 13/8/1996, p. 15.

[20] Luiz Antonio Machado da Silva, "Violência e sociedade: tendências

Do outro lado, as camadas médias e altas, encapsuladas nos seus automóveis com vidros fechados e em condomínios onde alarmes, circuitos internos de televisão e parafernálias eletrônicas de última geração se espalham por corredores e abrigos. Neles a entrada e saída dos moradores, empregados ou visitantes é controlada por vigias responsáveis pela segurança das famílias na sua privacidade, originando uma nova forma de segregação socioespacial.[21] O mesmo cenário em bancos, lojas, escritórios, restaurantes e em muitos edifícios, tornando o contingente de seguranças particulares superior ao dos 80 mil policiais militares do estado de São Paulo, isto sem contar outros 100 mil guardas privados que não estão registrados nos órgãos responsáveis pelos direitos de cidadania nos seus aspectos mais elementares, isto é, a integridade física das pessoas.[22]

Pode-se tomar também a questão da cidadania do ângulo da organização e das lutas trabalhistas. Sem dúvida, houve durante os anos 1980 avanços significativos na organização dos trabalhadores, que se expressaram na criação de poderosas centrais sindicais que, pelo menos nas regiões econômicas mais desenvolvidas, conseguiram grande penetração nos sindicatos e locais de trabalho.[23] Importa ressaltar que, fruto da liberalização política, incrementaram-se durante os anos 1980 os conflitos do trabalho:

---

na atual conjuntura urbana no Brasil". In: Luiz Cezar de Queiroz Ribeiro e Orlando Alves dos Santos Jr. (orgs.), *Globalização, fragmentação e reforma urbana*, Rio de Janeiro, Civilização Brasileira, 1994, pp. 29-47.

[21] Teresa Pires do Rio Caldeira, "Enclaves fortificados: a nova segregação urbana", *Novos Estudos CEBRAP*, São Paulo, n. 47, março de 1977, pp. 155-78.

[22] *Revista da Folha*, 19/10/1997.

[23] Retomo as ideias contidas em Lúcio Kowarick e Milton Campanário, "São Paulo: metrópole do subdesenvolvimento industrializado: do milagre à crise econômica". In: Lúcio Kowarick (org.), *As lutas sociais e a cidade: São Paulo, passado e presente*, São Paulo, Paz e Terra, 2ª ed. revista e atualizada, 1994, pp. 62 ss.

entre 1982 e 1984 ocorreram 920 greves, montante que sobe para quase três mil no triênio seguinte, alcançando 4.597 paralisações nos últimos três anos da década.

Contudo, cabe assinalar que esse revigoramento das lutas sindicais, que se traduz em quase 10 milhões de grevistas no início da década e culmina em mais de 30 milhões no final do período, não conseguiu reverter a tendência à deterioração salarial. Sintomática, nesse sentido, é a queda da remuneração real dos metalúrgicos de São Bernardo do Campo e Diadema, onde se concentra a indústria automobilística, sede do sindicato de maior tradição de luta do País, que equivalia em 1991 a 30% da imperante em 1983, ao mesmo tempo em que a categoria perdia um terço dos postos de trabalho.

Exemplos como este poderiam ser multiplicados e constituem a regra do que ocorre com os trabalhadores brasileiros, mesmo os pertencentes a sindicatos mais organizados e combativos: a intensificação da mobilização trabalhadora não consegue frear a deterioração salarial e o aumento nos níveis de desemprego, revelando, também por este ângulo, o comprometimento de um dos aspectos básicos da cidadania: a privação do direito ao trabalho constitui, para a mesma maioria, uma condição extremada de pauperismo.

Nas afirmações antes esboçadas está contida a questão de por que um acontecimento único enquanto mobilização social e política, o *impeachment* do presidente Collor, não produziu alternativas históricas que colocassem a sociedade brasileira nos rumos do que tem sido chamado de "modernidade". Dias após a destituição legal do presidente da República, como se houvesse uma espécie de aversão à democracia, surge um acontecimento que condensa o seu inverso: o arbítrio sem limites consubstanciado no extermínio de 111 detentos, realizado pela Polícia Militar, no presídio do Carandiru, em São Paulo. Esse é um dos múltiplos exemplos que apontam para a violação dos direitos básicos e que se avolumam no arquivo morto da banalidade que marca a violência que impregna nosso cotidiano. Ainda mais quando se sabe que

41% dos paulistanos manifestaram-se favoráveis ao massacre praticado com a conivência das autoridades públicas.

No cenário que se abre na década de 90, mais uma vez, como já havia ocorrido na época das mobilizações das Diretas Já, ou mesmo por ocasião do Plano Cruzado, desponta a sensação de derrota de um vigor social e de uma vontade política que não se canalizam para transformações mais profundas. Desponta a imagem de um País que não consegue caminhar na direção de seu próprio progresso, entendido como extensão dos direitos individuais e coletivos. Resta a sensação de espoliação de múltiplas e variadas crenças e aspirações que apresentavam um forte desejo de mudança. Resta uma sociedade plena de contrastes que parece estar desperdiçando a oportunidade de avançar na consolidação dos direitos de cidadania.

O conjunto de reflexões realizadas nas páginas anteriores torna possível avançar a categoria de *cidadão de primeira classe*, constituída por indivíduos com renda superior a doze salários mínimos, que não ultrapassa 5% da população economicamente ativa: "é a pessoa capaz de defender seus direitos e mesmo seus privilégios, recorrendo a amigos influentes, pagando advogados, comprando a polícia"...[24] Daí também seu contraponto, o *cidadão de terceira classe*, a majoritária parcela que aufere remuneração irrisória, faz parte dos milhões de analfabetos e semianalfabetos que moram em cortiços, favelas, palafitas, mocambos, cabeças de porco ou outras designações que nomeiam as habitações assim chamadas de subnormais, que reúnem cerca de 70% dos habitantes das cidades brasileiras: "este brasileiro faz parte da comunidade política nacional apenas nominalmente. Seus direitos civis são desrespeitados sistematicamente. Ele é culpado, até prova em contrário. Às vezes mesmo após provas em contrário".[25]

---

[24] José Murilo de Carvalho, "Interesses contra a cidadania", *op. cit.*, p. 91.

[25] *Idem*, p. 92.

Essas considerações permitem retomar a noção de *cidadão privado*, já introduzida no capítulo anterior. Há que reiterar que esta ideia constitui um paradoxo, pois os termos contidos no binômio são incompatíveis entre si. Isso porque o conceito de cidadania diz respeito a destinos e projetos historicamente compartilhados e à conquista de direitos obtida através de lutas coletivas. Mas a incompatibilidade dos termos tem sua razão de ser: tornamo-nos *cidadãos privados* — impregnados pela moralidade que caracteriza a ética do mundo da casa — porque no espaço público "somos rigorosamente 'subcidadãos'".[26] Sem sombra de dúvida, em contraposição à segurança do espaço privado — a casa —, a violência do espaço público — a rua — é das principais características do dia a dia de nossas cidades: nelas, o espaço público se traduz na banalidade da violência cotidiana das horas gastas no percurso que une a moradia ao trabalho, no ritmo, jornada de trabalho e remuneração resultante, isso para não falar no descarte precoce da força de trabalho ou na impunidade dos bandidos e da polícia. O espaço público é também sinônimo de desrespeito, sentimento de derrota e medo. Medo de ficar doente, desempregado, acidentar-se ou ser atropelado, humilhado, extorquido, espancado, preso ou torturado. Desrespeito aos pedestres e consumidores, das filas, das burocracias, daqueles que são social e economicamente superiores — "você sabe com quem está falando?".[27] Sentimento de derrota, já que greves e lutas urbanas, na maioria das vezes, não resultam em benefícios para os bairros desprovidos, pois, para citar um exemplo, os favelados de São Paulo, num período de vinte anos, passaram de 9,6% para quase 14% da população da Cidade, ou seja, mais de 1,5 milhão de

---

[26] Roberto Damatta, *A casa e a rua*, Rio de Janeiro, Guanabara, p. 21.

[27] Novamente uma peça essencial: Roberto Damatta, *Carnavais, malandros e heróis*, Rio de Janeiro, Zahar, 1975, p. 21. Ver também: Guillermo O'Donnell, "Situações: microcenas da privatização do público em São Paulo", *Novos Estudos CEBRAP*, São Paulo, outubro de 1988.

pessoas;[28] sentimento de derrota, pois greves não só deixam de levar a melhorias nas condições de trabalho e remuneração, como também, às vezes, parece ser necessário massacrar o movimento reivindicatório. Tal foi o caso no final do governo Fleury, em 1994, em relação aos professores da rede estadual de São Paulo, ou a intransigência em relação aos petroleiros — setor tido como a moderna aristocracia operária — já em pleno governo social-democrata do presidente Fernando Henrique Cardoso. Enfim, impera forte sensação de bloqueio na mobilidade social, que se consolida no decorrer dos anos 1990.

O espaço público continua regido pelos "princípios da cordialidade", como nos ensina Sérgio Buarque, cuja fundamentação, longe de se estruturar em regras explícitas e universais, baseia-se em critérios de inclusão e exclusão de direitos e deveres marcados pelo favoritismo, e, portanto, pelo arbítrio e violência.[29] Daí o primado do *cidadão privado*. Como já foi assinalado, privado na acepção de não ter acesso a benefícios e de estar separado, isolado ou excluído. Ou seja, em face da estreiteza dos canais institucionais para manutenção e conquista dos direitos sociais, em face da inexistência de proteção quanto aos direitos civis mais elementares e em consequência da incivilidade que marca as relações sociais nos espaços públicos, onde prevalece arrogância e privilégio, muitos se refugiam na sociabilidade primária da família, amigos, parentes ou conterrâneos: estruturada em torno da casa e da vizinhança, desses pedaços reconhecidos como solidários, de proteção e ajuda mútua, muitos organizam formas defensivas para enfrentar as múltiplas violências que marcam o dia a dia na Metrópole e elaboram projetos para usufruir de suas oportunidades.

---

[28] Camila Saraiva e Eduardo Marques, "As favelas em São Paulo nos anos 2000". In: Eduardo Marques e Haroldo Torres (orgs.), *São Paulo: segregação, pobreza e desigualdades sociais*, São Paulo, SENAC, 2005 (edição revista e atualizada).

[29] Sérgio Buarque de Holanda, *Raízes do Brasil*, Rio de Janeiro, José Olympio, 10ª ed., 1976.

7.
INVESTIGAÇÃO URBANA E SOCIEDADE: COMENTÁRIOS SOBRE *NUESTRA AMÉRICA*

7.1. REALIDADES

"Os jovens cresceram nas ruas dos bairros populosos... conhecem os esgotos a céu aberto, os charcos, as ruas esburacadas, os barracos de palha, os areais, os carros de água contaminada [...] Então, que tipo de cidade podemos projetar, se considerarmos que estes são os jovens que vão viver em Lima nas próximas décadas?"[1]

Estas são realidades cotidianas que caracterizam boa parte dos que vivem nas cidades de *Nuestra América*. Não é por serem cotidianas que irão transformar-se em objeto de investigação. Isso porque só em certas circunstâncias os processos socioeconômicos, culturais e políticos se transformam em questões de indagação científica: não existe relação linear entre as realidades de determinada sociedade e a produção de conhecimentos nela existente. Ocorrem muitas mediações nas escolhas temáticas, nos recortes analíticos, nas indagações teóricas ou nas posturas metodológicas.

Sem ser exaustivo, pode-se mencionar as escolas e tradições de pensamento científico ou a capacidade de entidades públicas e

---

[1] Abelardo Sanchez Leon, "Lima y los hijos del desorden". In: J. E. Hardoy e R. Morse (orgs.), *Repensando la ciudad de América Latina*, Buenos Aires, Grupo Editor Latinoamericano/HED, 1988, pp. 202-3.

privadas em formular e implementar projetos; grande peso também têm as conjunturas políticas e os interesses econômicos, o debate ideológico, que em muito se alimenta da migração das ideias e dos modismos intelectuais. Isto para não falar das prioridades das fontes de financiamento. Enfim, há um conjunto variado e diverso de fatores de cunho nacional e internacional que acaba por priorizar objetos e objetivos de pesquisa em detrimento de outros.

De toda forma, o surgimento de um tema constitui processo complexo, que reside em selecionar uma multiplicidade de objetos empíricos e transformá-los em objeto de estudo. Isto supõe, pelo menos, construir, adaptar ou importar um discurso científico, cujas perguntas e explicações possam adquirir credibilidade intelectual, reconhecimento social e uma base institucional para seu funcionamento.[2]

Nos anos 1960 era mais fácil ter acesso a recursos financeiros para se estudar a pobreza e a marginalidade urbana. Nos anos 1970 a habitação mereceu destaque, ao passo que em anos mais recentes as oportunidades aumentaram para quem optasse pela violência ou pelos meninos de rua, a descentralização político-administrativa ou as questões ambientais e ecológicas, sem esquecer as lutas urbanas que, entre essas décadas, substituíram o movimento operário na sua capacidade de transformar a sociedade. Em suma: cada época produz suas próprias preferências. Os temas nascem e se desenvolvem, sendo substituídos por outros, sem que, muitas vezes, haja mudanças substanciais nas realidades sociais e econômicas.

No que diz respeito à assim chamada problemática urbana, existe uma questão adicional. Ela engloba vasta e variada gama de temas na medida em que, cada vez mais, ocorre larga interseção com dinâmicas essenciais à sociedade. Alguns exemplos: a consolidação democrática e a extensão da cidadania, a globali-

---

[2] Henry Coing, "Servicios urbanos: viejo o nuevo tema?". In: M. Unda (org.), *La investigación urbana en América Latina: caminos recorridos y por recorrer*, v. 2, Quito, Ciudad, 1990, pp. 157 ss.

zação e a crise econômica, o acirramento da pobreza e da exclusão social, o processo de urbanização dependente, a produção do espaço construído, a violência de jovens e adultos, ou o planejamento e as políticas públicas.

Além dessa extensão temática, torna-se necessário também enfatizar que a questão urbana não é um objeto analítico no sentido de que tenha um corpo teórico definido. Não há algo que se possa designar ciências urbanas, pois são múltiplas as disciplinas que investigam e interpretam esse vasto rol movediço e mutável de processos.

Estas breves anotações visam dimensionar as dificuldades de equacionar os múltiplos condicionantes históricos que levam a uma hierarquização dos temas de investigação urbana. Mesmo porque ela provavelmente decorre dos avanços, recuos e desvios de cada uma das ciências sociais. Apesar de sua fraca delimitação, cada qual tem tradição acadêmica particular, suporte institucional próprio, objetivos e projetos específicos, pessoal especializado e um processo seletivo, promocional e hierárquico estruturado em torno de recursos e recompensas materiais e simbólicos. Isso dá uma ideia das dificuldades da transdisciplinaridade nas ciências sociais, condição indispensável para o aprofundamento do conhecimento sobre a questão urbana.

De modo geral, parece ser possível afirmar que a maioria das agências públicas e privadas de financiamento nacionais e internacionais passou a ter uma visão extremamente instrumentalizada da investigação, privilegiando a solução dos problemas em detrimento de indagações teóricas ou de maturação intelectual mais longa. Malgrado as possíveis variações, os recursos cada vez mais passaram a ser canalizados à investigação *policy oriented*, alargando o predomínio das tecnologias sobre as ciências, e das ciências exatas e biológicas sobre as humanas.

Esses são alguns dos grandes parâmetros que têm condicionado as investigações urbanas. Contudo, por múltiplas que sejam as mediações na produção do conhecimento, cabe ainda a pergunta: quais os principais processos que têm caracterizado os países lati-

Investigação urbana e sociedade

no-americanos nesses últimos tempos? Isso porque sempre existem conexões entre os processos presentes numa sociedade e as perguntas que sobre eles se levantam com os mais diversos objetivos. Do ponto de vista das condições de vida houve real deterioração dos salários e aumento do desemprego e subemprego. Mais do que antes, os 80% da população que, em breve, habitarão nossas cidades, terão maior possibilidade de viver nas mais variadas modalidades de moradia subnormal. Por outro lado, a deterioração do capital social urbano e a crescente ineficácia das políticas públicas conjuga-se, sob a égide da ideologia neoliberal, com a desativação do Estado na prestação de serviços básicos. Tudo isso, conjugado com a grave crise econômica que tem persistido, produziu funestas consequências no dia a dia dos habitantes de nossas cidades, das quais se pode destacar o espraiamento da violência em seus múltiplos sentidos.

Sem cair no catastrofismo: já afirmei que nosso pós-moderno não é o policlassismo da ecologia verde. Está mais para o cinzento-esverdeado, mistura de pobreza-violência-desesperança que se acentua no percurso dos anos 1980, "a década perdida". São Paulo, verão dos anos 1990: entulho, lixo, lama, as águas transbordam. Cerca de dois milhões de favelados, inúmeros aglomerados em áreas de risco. Alguns de seus moradores catam verduras nas ruas. Os bueiros revertem água contaminada de leptospirose. Os salários despencam, o desemprego explode: a sensação é de que o mundo desmorona, de que o futuro desapareceu. Grande parte de nossas cidades e das populações que nelas habitam não estariam afundando em direção ao Quarto Mundo?

7.2. DOMINÂNCIAS

Já se tornou ocioso dizer que os processos essenciais ao percurso histórico das nações estão cada vez mais interconectados em nível mundial. Não se trata apenas da crescente globalização da economia, mas também da notícia, informação e conhecimento,

dos modelos éticos ou estéticos advindos da revolução da informática e das comunicações. Contudo, se essa globalização abre vasto campo de possibilidades, ela produz novas formas de hierarquias e prioridades cujas consequências são ainda pouco conhecidas. Sobretudo a partir dos anos 1980, estão em curso novos processos, tanto culturais como políticos e econômicos, cujas repercussões em nossas sociedades e cidades merecem análise mais sistemática e profunda.

Convém esclarecer o argumento: à diferença das ciências exatas e biológicas, as humanas não apresentam leis de estruturação e de movimento que caracterizam a universalidade da física, da química, da matemática, da biologia ou das geociências. Ao contrário, por seu caráter *social*, existem múltiplos e complexos processos históricos que variam no interior e entre as sociedades. Assim, os processos de urbanização capitalista dos países centrais, apesar de suas enormes diferenças, são significativamente diversos em relação aos que ocorrem na América Latina, onde, malgrado haver inúmeros e diversos tempos históricos, parece ser viável apontar uma vasta situação generalizadora: a *dependência* que vai adjetivar de modo categórico a urbanização latino-americana.[3]

O mesmo poderia ser dito do processo de acumulação ou da crise econômica e suas consequências sociais, da magnitude e características da exclusão social e da espoliação urbana. Assim, penso que existem problematizações teóricas e empíricas voltadas para enfrentar as complexas e vastas questões das assim chamadas sociedades dependentes, por mais desiguais que sejam seus percursos históricos. Em suma, a globalização de ideias, símbolos, valores, notícias e conhecimentos crescentemente produzida em nível mundial e nas sociedades avançadas pode induzir à introdução de temáticas de investigação e de modos de interpreta-

---

[3] Ver as excelentes pistas de Samuel Jamarillo, "El desenvolvimiento de la discusión sobre la urbanización latinoamericana: hacia un nuevo paradigma de interpretación", In: M. Unda (org.), *op. cit.*, pp. 35-74.

ção não sintonizados para compreender as estruturas e os movimentos imperantes nas nossas cidades.

Rascunhadas sob forma indagativa, essas colocações abrem uma trilha para colocar a questão da investigação nas ciências sociais sobre a questão urbana na América Latina e no Brasil. A afirmação comporta amplos riscos: nos anos 1980, boa parte de nossos estudos deixaram de avançar do ponto de vista teórico, uma vez que adotaram modelos interpretativos não calibrados para compreender os processos urbanos de nossas sociedades.

De fato, fundamentalmente nesta década, ocorreu uma reviravolta tanto nos objetos de investigação como nos focos teóricos e metodológicos. Em termos gerais, passou-se das análises centradas no Estado, de cunho macroestrutural, apoiadas no instrumental marxista, para microdinâmicas da sociedade civil. O esforço interpretativo que procurava entender os movimentos gerais da expansão capitalista, os vários significados de sua condição de dependência, que visava enfim analisar as *contradições urbanas*, voltou-se para o âmbito local, o modo de vida ou as estratégias de sobrevivência das camadas populares.

O problema não residiu apenas nas mudanças de priorização temática, mas, fundamentalmente, na forma como foi efetuada: da estrutura sem sujeitos, passou-se à análise de sujeitos liberados de qualquer constrangimento estrutural.[4] Antes, as estruturas se movimentavam impulsionadas pelas contradições urbanas, sem que para isso fosse ressaltada a presença de classes sociais em conflito; agora, atores destituídos de sentido histórico percorrem com ampla desenvoltura a multiplicidade de caminhos existentes em uma sociedade destituída de determinações.[5]

---

[4] José Luis Coraggio, "Introducción". In: J. L. Coraggio (org.), *La investigación urbana en América Latina: caminos recorridos y por recorrer*, v. 3, Quito, Ciudad, 1990, pp. xi ss.

[5] Quero deixar claro que, longe de procurar fazer um balanço crítico sobre a investigação urbana, este ensaio discute, principalmente, as sérias

Convém começar pelas explicações macroestruturais. Em palavras simples: as assim chamadas *contradições urbanas* foram pensadas para interpretar o capitalismo monopolista de Estado dos países avançados, dentro de uma estratégia de transformação política que tinha por base certas concepções de esquerda, principalmente do eurocomunismo. Foi, no essencial, uma produção francesa que penetrou no coração do pensamento urbano da América Latina, sem que tenha havido de nossa parte a menor crítica teórica ou mesmo reciclagem analítica e conceitual. Importamos um pacote temático com os correspondentes paradigmas teóricos e o aplicamos para interpretar as transformações de nossas cidades.

Por mais conhecida que seja, convém lembrar que a escola francesa marxista de sociologia urbana, apesar de suas variantes, obteve sua matéria-prima interpretativa na vertente estruturalista, cuja concepção epistemológica mais completa se encontra nas obras de Louis Althusser, e seu desdobramento para análises sobre o poder político teve em Nicos Poulantzas seu principal intérprete; Manuel Castells, o principal pesquisador dessa escola marxista aplicada à questão urbana, construiu vasto e complexo arcabouço interpretativo, que trouxe enormes reflexos no pensamento de nossas cidades, mesmo porque o autor em várias obras se debruçou sobre alguns países da região.

Sem entrar em detalhes, vale apontar a ferrenha oposição da historiografia marxista inglesa, liderada por E. P. Thompson: nada mais adverso ao estruturalismo althusseriano e seus discípulos do que a ideia de luta de classes subjacente aos conceitos de *experiência* e de *economia moral*, ambos enfatizando fatores culturais que alimentam um longo e tortuoso processo de formação

---

limitações de duas vertentes teórico-metodológicas que influenciaram parte de nossas interpretações. Obviamente, existem outros esforços analíticos que não se enquadram nas colocações aqui apresentadas. Neste sentido, vale ressaltar, por exemplo, Henri Lefebvre, que, na esteira da tradição marxista, produziu uma obra que se tornou referência essencial para temas como a produção do espaço urbano, a vida cotidiana ou o direito à cidade.

das classes, que se faz em campos de luta não adstritos aos processos produtivos.[6]

As análises urbanas elaboradas na América Latina com base nessa vertente estruturalista do marxismo, na enorme maioria dos casos, tornaram-se genéricas e tautológicas, perderam seu vigor interpretativo, reificando-se no formalismo economicista das explicações macroestruturais. Hoje pode ser até anedótico reler os trabalhos que na parte introdutória esmiuçavam os autores da escola francesa marxista de sociologia urbana, em seguida detalhavam um objeto de estudo que não colava no instrumental teórico anteriormente detalhado, finalizando por concluir que as contradições urbanas se haviam acirrado e, assim sendo, os movimentos sociais se oporiam cada vez mais à dominação e exploração capitalistas.

Enfatize-se ainda uma vez: boa parte dos investigadores importou o conceito de *contradições urbanas* para analisar uma urbanização capitalista flagrantemente diversa da que caracterizava os países centrais. Por outro lado, é também passível de crítica a ligação que muitas vezes foi feita deste conceito de abrangência macroestrutural com as lutas que se desenrolaram em nossas cidades. Isso porque se atrelou movimentos sociais às assim chamadas condições materiais objetivas. Não se trata de ignorá-las nem, tampouco, de pôr de lado as contradições urbanas imperantes em nossas sociedades. O erro de muitos estudos foi, contudo, ignorar que a pauperização econômica, a espoliação urbana ou a opressão política nada mais são do que matérias-primas que, em certas conjunturas, alimentam as reivindicações populares:[7] entre estas e as lutas sociais propriamente ditas há todo um conjunto variado de mediações que é historicamente produzido e que

---

[6] E. P. Thompson, *A miséria da teoria ou um planetário de erros*, Rio de Janeiro, Zahar, 1981.

[7] Retomo aqui a argumentação desenvolvida em Lúcio Kowarick, "Movimentos urbanos no Brasil contemporâneo: uma análise da literatura", *Revista Brasileira de Ciências Sociais*, v. 1, n. 3, pp. 44-5.

Investigação urbana e sociedade

não está de antemão tecido nas teias das determinações estruturais. Ignorá-las significa cair, como o fizeram muitas de nossas investigações, no que pode ser designado de *deducionismo das condições objetivas*.

Outros estudos desaguaram num viés explicativo que reside em focalizar os movimentos urbanos com base em um paradigma que lhes atribui determinadas metas históricas a serem atingidas. Neste caso, trata-se de uma perspectiva que pode ser denominada de *visão genético-finalista*, na qual o movimento operário ou popular traria em si, por uma espécie de vocação metafísica, os embriões que acabariam por desembocar em lutas de qualidade sempre superior. Trata-se, enfim, de atribuir uma missão histórica que leva a um horizonte prefigurado, no qual as classes subalternas seriam portadoras de um futuro predestinado por sua intrínseca vocação libertária e socialista.

Esse estilo de pensamento está apoiado, no mais das vezes, no que pode ser chamado de *otimismo catastrófico*: trata-se de uma versão do "desenvolvimento do subdesenvolvimento", baseada no inevitável aguçamento das contradições, cuja virtualidade reside em colocar em xeque o mundo dominante. Sabe-se agora que os movimentos urbanos não colocaram sob fogo cruzado as modalidades de produção capitalista, ideia em uso e abuso, não só na *Nuestra América*, como também em partes da Europa Latina nos anos 1960 e 1970: afinal de contas as assim chamadas *contradições urbanas* — alta moda intelectual daqueles tempos, requintada pela leitura althusseriana de Castells — não se puseram em marcha. Nem lá, nem muito menos por aqui.

Em termos muito abreviados, essa é a trajetória intelectual latino-americana da estrutura sem sujeitos. Seu inverso, ao rechaçar as explicações globalizantes e ao desatar os atores sociais de qualquer constrangimento estrutural, não pode deixar de cair numa versão que valoriza as pequenas lutas do dia a dia, caracterizada pela pluralidade dos agentes e pela diluição da própria ideia de sujeitos de transformação histórica. Ela seria feita a partir de incontáveis lutas presentes nas hierarquias que atravessam as moléculas da dominação social. A história não passa mais pelas instituições políticas, pois, nessa concepção, o poder não se totaliza; ao contrário, manifesta-se tanto na fábrica, na caserna e na prisão como na competência de médicos e professores ou na disciplinarização inerente das instituições sociais. Nessa visão, a sociedade teria a capacidade de revolucionar-se através de ações cotidianas e parciais e, ao fazê-lo, anular ou reverter o poder do próprio Estado.

Daí a priorização temática no detalhamento dos modos de vida, das estratégias de sobrevivência e das experiências de autogestão. Daí a valorização de investigações sobre os saberes e fazeres do povo, moldando uma interpretação que coloca de escanteio os contextos socioeconômicos e políticos que englobam a vida comunitária. Daí o horror às explicações macroestruturais, a repulsa congênita aos conceitos de contradições urbanas e classes sociais. Daí a priorização de aglutinações associativas que enfatizam sua autonomia em relação às organizações político-partidárias e seu fervor em dar as costas aos aparatos do Estado. As análises enobrecem a participação em assembleias intermináveis, em que a melhor solução é a que mais se discute. O grupo de mães, de jovens ou de vizinhos, a associação de bairro, passam a ser o âmbito privilegiado de uma concepção democrática que tende a rejeitar as formas de representação política e participação social que ultrapassam o ensimesmamento do horizonte local: é daí que nasceriam os germes que vão transformar a sociedade e o Estado, reeditando um estilo interpretativo que, na versão exacerbada de uma tradição político-religiosa de *Nuestra América*, poderia ser designada de *anarco-catacumbista*: dificilmente se pode deixar de concordar que ajuda mútua, estratégias de sobrevivência ou solidariedade comunitária constituem processos importantes para o cotidiano de grande parte de nossas populações, mas, certamente, não são a prefiguração de uma nova sociedade.[8]

---

[8] José Luis Coraggio, "Introducción", *op. cit.*, p. xii.

Esse é, em síntese, o percurso das investigações que olharam os atores sociais retirando-lhes o peso das assim chamadas condições materiais objetivas. Se os esquemas macroestruturais não explicam os movimentos da sociedade, pois carecem de sujeitos históricos que impulsionem suas mudanças, a visão basista que dilui os atores numa multiplicidade de cenários e agendas acaba por fazer com que eles conquistem uma liberdade que não os leva a parte alguma.

7.3. COMENTÁRIOS

Estes comentários não visam concluir. Intentam apenas sugerir algumas trilhas nas quais a investigação urbana poderia eventualmente prosseguir. Um primeiro desafio reside em superar as dicotomizações temáticas que passaram a ser recorrentes em nossas análises e que se referem à questão dos fatores externos ou internos a uma sociedade. Tendo em conta os processos de globalização econômica e cultural que se transformaram e aceleraram nos últimos tempos, torna-se cada vez mais importante ter em conta os macroprocessos que ocorrem em nível mundial.

As mudanças na economia do Primeiro Mundo, sejam inovações tecnológicas, alterações no processo produtivo, novas linhas de produtos ou rearranjos no sistema financeiro, têm vastos efeitos sobre as sociedades dependentes. Mas estas não constituem meros reflexos do que ocorre nos países centrais. Em outros termos, o caráter subordinado de nossas sociedades redefine, em nível nacional, as mudanças ocorridas no âmbito mundial, e é este processo de redefinição interna que cabe especificar e detalhar: trata-se, enfim, de captar as novas dinâmicas do capitalismo nesta vasta e desigualmente desenvolvida região periférica.[9]

---

[9] Samuel Jamarillo, "El desenvolvimiento de la discusión sobre la urbanización latinoamericana". In: M. Unda (org.), *op. cit.*, pp. 63 ss.

O mesmo deve ser afirmado em relação às análises situadas em nível micro, que não podem deixar de levar em consideração o contexto sociopolítico e econômico mais amplo no qual elas ocorrem. De pouco vale estudar, por exemplo, as estratégias de sobrevivência sem ter em conta o caráter da crise econômica e suas consequências sobre as políticas sociais. Não creio que os estudos voltados para a análise do bairro, dos grupos de vizinhos ou da família, suas solidariedades e conflitos, ou do conjunto de arranjos em torno das estratégias de sobrevivência, sejam desnecessários. Ao contrário, por meio deles conheceram-se muitos aspectos da vida cotidiana que têm sido cruciais para melhor compreender temas de relevância teórica e prática: cultura política, violência e todo um complexo mundo simbólico com base no qual são constituídos os discursos que nomeiam os aliados e adversários, aqueles que estão deste ou do outro lado, parte ou partido. São trabalhos geralmente de forte inspiração na antropologia política, baseados em entrevistas, na observação participante ou na pesquisa-ação.[10]

Assim, penso que, além dos macroprocessos que marcam nossas sociedades, é necessário também estudar a "vida em crise", desde que não seja mero retrato empiricista da pobreza ou elaboração de explicações culturais sem raízes nas condições objetivas. Como procurei mostrar nos dois capítulos anteriores, várias dessas contribuições avançaram no sentido de superar as análises marxistas de cunho estrutural, pois os agentes deixaram de ser vistos em razão de sua funcionalidade para o capital, passando a ser equacionados enquanto sujeitos produtores de práticas e experiências sociais.

Repita-se quantas vezes necessário for: obviamente os laços de solidariedade que por vezes unem as pessoas e os grupos em situações comuns de iniquidade, a ajuda mútua nos trabalhos em

---

[10] Os exemplos são muitos. Para explicitar a que tipo de análise estou me referindo: Teresa Pires do R. Caldeira, *A política dos outros: o cotidiano dos moradores da periferia e o que pensam do poder e dos poderosos*, São Paulo, Brasiliense, 1989.

mutirão ou a autogestão presente em algumas comunidades, só constituem uma antevisão de uma sociedade libertária destituída de opressão para os que, apoiados numa concepção que pode ser denominada *foucaultianismo narodnik*, bebem nas águas do neo-anarquismo misturadas com uma leitura messiânica da libertação dos oprimidos.

Não partilho da ideia de que certos temas tenham uma espécie de contaminação originária pelo simples fato de terem sido formulados em outros contextos sociais e políticos. É o caso, por exemplo, do poder local e da descentralização. Em si, são importantes objetos de análise, desde que se tenha claro os vários significados sociais e políticos que possam vir a ter concretamente em nossas sociedades e cidades. São, de um lado, uma produção política do socialismo francês e espanhol. Seu pressuposto reside em privilegiar o nível local enquanto âmbito mais propício para a participação social e controle das decisões do poder municipal, constituindo-se, portanto, em promissora forma de democratização. Claro está que se a teoria e a prática se refugiarem neste âmbito, muitas dinâmicas locais poderão desenvolver-se, mas certamente haverá alienação em relação aos processos essenciais da sociedade. Por outro lado, a descentralização política e administrativa e a valorização da vida comunitária constituem matérias-primas que alimentam o discurso da ineficiência do Estado e, portanto, a necessidade de sua privatização: a desmontagem das políticas públicas inerentes ao Estado de Bem-Estar Social e a revalorização das virtuosas liberdades do mercado configuram os elementos essenciais no revigoramento da ideologia neoliberal, em franca hegemonia, agora também nos países latino-americanos.

Essas colocações abrem um campo extremamente problemático e que só pode ser traçado em grandes linhas: trata-se do porvir de nossas sociedades e cidades e do teor de nossas investigações. Qualquer visão do que se deva ter contém, ao mesmo tempo, uma proposta analítica sobre uma realidade a ser investigada e um projeto de historicidade no sentido de priorização de processos de transformação social. Em outros termos, a escolha de um objeto de estudo já é uma hierarquização que, longe de ser neutra, está mergulhada em múltiplas conotações éticas e políticas. Assim, pelo menos os grandes temas de investigação, além de terem sua trajetória científica com suas metodologias, aparatos conceituais e instrumentos teóricos, têm também seu percurso político-ideológico.

Basta para isso relembrar a marginalidade e a urbanização dependente na América Latina ou as contradições urbanas do capitalismo monopolista de Estado na França, ou a autogestão comunitária, descentralização e poder local, temas cujos aspectos fortemente valorativos e programáticos foram mencionados no decorrer deste texto.

Não se trata, obviamente, de eleger um destino de antemão prefigurado, como pretendem certas versões deterministas do marxismo, ou o espontaneísmo voluntarista das vertentes que se inspiram no neoanarquismo das revoluções do cotidiano. Ao contrário, os esforços prospectivos tendem a se enriquecer quando apoiados em versões que abrem múltiplos campos de possibilidades e, portanto, a própria possibilidade de constante produção de alternativas históricas. Se a história não é um processo sem sujeitos, a questão está em delinear não só quais são os atores sociais portadores das transformações, mas, também, os tipos e campos de conflitos essenciais aos processos de mudança das sociedades. Em outras palavras, torna-se necessário perguntar por quais caminhos irão passar os conflitos sociais, sabendo-se de antemão que eles não se reduzem às esferas das relações de produção, nem que nesse âmbito residiriam as ditas contradições principais, enquanto o resto seria secundário. Não basta, por outro lado, analisar nossos gritantes problemas de pobreza, ou as exclusões socioeconômicas presentes em nossas cidades: não é na sua magnitude que reside a causa da mudança, mas na complexa produção de *experiências históricas* que sobre ela contraditoriamente se fará.[11]

---

[11] O exposto é de nítida inspiração no historicismo marxista inglês:

Várias questões estão subjacentes nas colocações dos parágrafos anteriores. Destaco uma, sem dúvida bastante problemática, que reside na necessidade de explicitar as conexões entre pesquisa e política, o que supõe questionar os papéis políticos e científicos dos investigadores. Sem dúvida, a investigação urbana necessita de uma dose de utopia, de desejo — a cidade que queremos —, tradição presente nas reflexões filosóficas que pensaram a cidade enquanto *locus* de realização das potencialidades humanas. Hoje, é o tema da democracia e ainda, para alguns, do socialismo que adjetiva a "cidade do povo e para o povo", ligação necessária entre pólis e cidadania.[12] Contudo, penso que é a política e não a investigação urbana que "[...] deveria ser a arte de fazer possível o desejável".[13]

O investigador urbano não é um agente de transformação social e política. Seu papel fundamental reside na produção crítica de conhecimentos na acepção mais forte e rigorosa do termo. Seu papel é ser *subversivo*, isto é, revolver, perturbar, desordenar o estado das coisas e das ideias, transformando a interpretação consagrada, a ação tida como correta ou eficaz, a hierarquia dos valores e a racionalidade dominante. Subverter significa questionar e checar teorias, métodos e categorias analíticas; significa também questionar e desvendar as práticas sociais dos mais variados grupos presentes ao longo das hierarquias da sociedade, com especial atenção para os múltiplos valores, símbolos, tradições e experiências dos inúmeros componentes das camadas populares.

Edward P. Thompson, *La formación histórica de la clase obrera*, Barcelona, LASA, 1977, e *Tradición, revuelta y conciencia de clase: estudios sobre la crisis de la sociedad preindustrial*, Barcelona, Crítica, 1977.

[12] Ver Alfredo Rodrigues, *Por una ciudad democrática*, Santiago, Sur, Colección Estudios Sociales, 1983.

[13] A afirmação é de Pedro Pires, "La formación de investigadores urbanos en América Latina". In: M. Unda (org.), *op. cit.*, p. 28.

A investigação subversiva pode e deve produzir preciosas matérias-primas para se atingir o socialmente desejável. Mas a produção de conhecimentos não gera transformações sociais e políticas porque, em si, é incapaz de construir um projeto de hegemonia alternativo à ordem instituída. Este é o campo propriamente da ação política, que Gramsci designou de Intelectual Coletivo ou Moderno Príncipe, em que a questão da hegemonia constitui aspecto essencial na construção de uma nova sociedade. A produção de conhecimentos pode fazer parte integrante desse processo, sem ser, contudo, o seu motor. Deve ter com o campo de ação política mútua alimentação, sem se confundir com ele, sob pena de realizar ao mesmo tempo má política e péssima ciência. Os resultados da investigação científica não bastam para a ação política, que se move a partir de outros dinamizadores, enquanto o conhecimento científico, ao tornar-se espelho de ação política, certamente perderá a essência do seu dinamismo: a virtuosa necessidade de constantemente subverter.

Daí um dos pontos estratégicos da discussão sobre a priorização das investigações em nossas sociedades e cidades ser o que se refere ao objetivo "de transformar a realidade a partir de uma perspectiva popular".[14] Explicito que tenho, ao mesmo tempo, forte atração e repulsa por esse tipo de colocação. No caso do autor em pauta, há, sem dúvida, rigoroso cuidado em situar-se numa posição de pluralismo teórico e metodológico e de apresentar antes uma proposta aberta cujo caminho deve ser constantemente alterado. Contudo, não pode ser ignorado que este tipo de proposta — a produção do conhecimento a serviço da causa popular — tem longa tradição não só no dogmatismo da esquerda, nova e antiga, bem como se transformou na palavra de ordem da

---

[14] Quem mais e melhor tem trabalhado esse tema estratégico é José Luis Coraggio, "Introducción". In: J. L. Coraggio (org.), *op. cit.*, p. xxxiv. Essas ideias também foram desenvolvidas em: *Ciudades sin rumbo: investigación urbana y proyecto popular*, Quito, Ciudad/SIAP, 1991, especialmente capítulos 3 e 10.

ciência oficial dos Estados autoritários, tanto capitalistas como socialistas. Resta a pergunta: quem vai contextualizar a gama de necessidades que caracteriza as perspectivas dos setores populares? Dificilmente deixará de ser uma elite que, por mais pluralista que seja, representará um lado, uma parte ou um partido, com suas hierarquias sobre o que sejam as necessidades e aspirações do povo.

Essas afirmações não vão no sentido de negar a necessidade de equacionar os processos de produção do conhecimento com as necessidades e perspectivas das classes trabalhadoras. Elas têm, unicamente, o ensejo de mostrar a importância e a dificuldade de se calibrar uma questão estratégica para a assim chamada investigação crítica acerca de nossas cidades.

No momento em que as utopias libertárias perderam, temporariamente, sua capacidade de dinamização social e política, resta o enfrentamento com o capitalismo realmente existente, agora em sua ofuscante fase neoliberal. Resta ainda o ideário de uma concepção que se constrói a partir da luta da sociedade civil e que passa necessariamente, e cada vez mais, pela questão da democracia. Afinal de contas, é preciso continuar acreditando que *Nuestra América* tem armazenado enorme potencial ocioso de historicidade. E, assim sendo, finalizo, utilizando uma metáfora que creio ter grande atualidade:

> "Cada época não sonha apenas com aquela que a seguirá, mas, sonhando, esforça-se por acordar."
>
> (Walter Benjamin)

REFERÊNCIAS BIBLIOGRÁFICAS

ABRAMO, Lais Wendel (1994). "Greve metalúrgica em São Bernardo: sobre a dignidade do trabalho". In: KOWARICK, Lúcio (org.). *As lutas sociais e a cidade: São Paulo, passado e presente*. São Paulo: Paz e Terra, 2ª ed..

ARENDT, Hanna (1989). *A condição humana*. Rio de Janeiro: Forense Universitária, 4ª ed.

BALLON, Eduardo; TOVAR, Teresa (1982). *Movimiento popular peruano 1976-1982: movimientos regionales y paros nacionales*. Lima: DESCO, mimeo.

BEOZZO DE LIMA, Maria Helena (1980). "Em busca da casa própria: autoconstrução na periferia do Rio de Janeiro". In: VALLADARES, Licia do Prado (org.). *Habitação em questão*. Rio de Janeiro: Zahar.

BLAY, Eva (1978). *A luta pelo espaço*. Petrópolis: Vozes.

BONDUKI, Nabil (s.d.). "Habitação e família, por que casa própria". In: KOWARICK, Lúcio (org.). *Modo e condição de vida: uma análise das desigualdades sociais na Região Metropolitana de São Paulo*. São Paulo: CEDEC, mimeo.

BRANT, Vinicius Caldeira (org.) (1989). *São Paulo: trabalhar e viver*. São Paulo: Brasiliense.

BRESSER-PEREIRA, Luiz Carlos (1977). *Estado e subdesenvolvimento industrializado*. São Paulo: Brasiliense.

CACCIA BAVA, Silvio (1994). "As lutas nos bairros e a luta sindical". In: KOWARICK, Lúcio (org.). *As lutas sociais e a cidade: São Paulo, passado e presente*. São Paulo: Paz e Terra, 2ª ed.

CALDEIRA, Teresa Pires do Rio (1989). *A política dos outros: o cotidiano dos moradores da periferia e o que pensam do poder e dos poderosos*. São Paulo: Brasiliense.

Referências bibliográficas

_____ (1997). "Enclaves fortificados: a nova segregação urbana". *Novos Estudos CEBRAP*, São Paulo, n. 47, março.

CARDOSO, Fernando Henrique (1972). "Participação e marginalidade: notas para uma discussão teórica". In: *O modelo político brasileiro*. São Paulo: DIFEL.

_____ (1975). *Autoritarismo e democratização*. Rio de Janeiro: Paz e Terra.

CARDOSO, Ruth C. (1984). "Movimentos sociais urbanos: balanço crítico". In: SORJ, Bernardo; ALMEIDA, Maria Hermínia Tavares de (orgs.). *Sociedade e política no Brasil pós-64*. São Paulo: Brasiliense.

CARVALHO, José Murilo de (s.d.). "Interesses contra a cidadania". In: Vários autores. *Brasileiro cidadão*. São Paulo: Cultura.

CASTELLS, Manuel (1974). *La lucha de clases en Chile*. Buenos Aires: Siglo XXI.

_____ (1980). *Cidade, democracia e socialismo*. Rio de Janeiro: Paz e Terra.

COING, Henry (1990). "Servicios urbanos: viejo o nuevo tema". In: UNDA, M. (org.). *La investigación urbana en América Latina: caminos recorridos y por recorrer*, v. 2. Quito: Ciudad.

CORAGGIO, José Luis (1990). "Introducción". In: CORAGGIO, José Luis (org.). *La investigación urbana en América Latina: caminos recorridos y por recorrer*, v. 3. Quito: Ciudad.

_____ (1991). *Ciudades sim rumbo: investigación urbana y proyecto popular*. Quito: Ciudad/SIAP.

CRIADO, Alex (1991). "No Jardim Macedônia", cap. 7. In: MEDINA, Cremilda (org.). *Às margens do Ipiranga*. São Paulo: USP/ECA/CJE.

DAMATTA, Roberto (1975). *Carnavais, malandros e heróis*. Rio de Janeiro: Zahar.

_____ (1987). *A casa e a rua*. Rio de Janeiro: Guanabara.

DIAS, Erasmo (1976). *Última Hora*, 22 de maio.

EVERS, Tilman *et al.* (1982). "Movimentos de bairro e Estado: lutas na esfera de reprodução na América Latina". In: Vários autores. *Cidade, povo e poder*. Rio de Janeiro: CEDEC/Paz e Terra, n. 5.

HELLER, Agnes (1972). *O cotidiano e a história*. Rio de Janeiro: Paz e Terra.

HOLANDA, Sérgio Buarque de (1976). *Raízes do Brasil*. Rio de Janeiro: José Olympio, 10ª ed.

JAMARILLO, Samuel (1990). "El desenvolvimiento de la discusión sobre la urbanización latinoamericana: hacia un nuevo paradigma de interpretación". In: UNDA, M. (org.) *La investigación urbana en América Latina: caminos recorridos y por recorrer*, v. 2. Quito: Ciudad.

JORNAL DA TARDE (1996). São Paulo, 13 de agosto.

KOWARICK, Lúcio (1975). *Capitalismo e marginalidade urbana na América Latina*. Rio de Janeiro: Paz e Terra.

_____. *A espoliação urbana* (1979). Rio de Janeiro: Paz e Terra.

_____ (1982). "O preço do progresso: crescimento econômico, pauperização e espoliação urbana". In: Vários autores. *Cidade, povo e poder*. São Paulo: CEDEC/Paz e Terra, n. 5.

_____ (1987). "Movimentos urbanos no Brasil contemporâneo: uma análise da literatura". *Revista Brasileira de Ciências Sociais*, v. 1, n. 3, fevereiro.

_____ (1991). "Cidadão privado e subcidadão público". *São Paulo em Perspectiva*, São Paulo, v. 5, n. 2, abr.-jun..

KOWARICK, Lúcio; BRANT, Vinicius Caldeira (orgs.) (1976). *São Paulo, 1975: crescimento e pobreza*. São Paulo: Loyola.

KOWARICK, Lúcio; CAMPANÁRIO, Milton (1994). "São Paulo: metrópole do subdesenvolvimento industrializado: do milagre à crise econômica". In: KOWARICK, Lúcio (org.). *As lutas sociais e a cidade: São Paulo, passado e presente*. São Paulo: Paz e Terra, 2ª ed.

KOWARICK, Lúcio; CARVALHOSA, Margarida; GRAEFF, Eduardo (1979). "Os cidadãos da Marginal". In: KOWARICK, Lúcio. *A espoliação urbana*. Rio de Janeiro: Paz e Terra.

KRISCHKE, Paulo J. (1984). "Os loteamentos clandestinos e os dilemas e alternativas democráticas dos movimentos dos bairros". In: KRISCHKE, Paulo J. (org.). *Terra de habitação x terra de espoliação*. São Paulo: Cortez.

LANGENEST, M. O. Baruel (1962). "Os cortiços em São Paulo". *Anhembi*, São Paulo, n. 139, junho.

LOPES, Juarez Brandão; GOTTSCHALK, Andrea (1990). "Recessão, pobreza e família: a década mais do que perdida". *São Paulo em Perspectiva*, v. 4, n. 1, São Paulo, jan.-mai.

LUNGO, Mario (1981). *Las luchas populares en El Salvador: de la reivindicación urbana hacia la insurrección urbana*. s.l., mimeo.

Referências bibliográficas

_____ (s.d.). *Las políticas del Estado hacia los asentamientos populares urbanos, la reproducción de la fuerza de trabajo y las reivindicaciones urbanas*. s.l., mimeo.

MACHADO DA SILVA, Luiz Antonio (1995). "Violência e sociedade: tendências na atual conjuntura urbana no Brasil". In: RIBEIRO, Luiz Cezar Queiroz; SANTOS JR., Orlando Alves (orgs.). *Globalização, fragmentação e reforma urbana*. Rio de Janeiro: Civilização Brasileira.

MOISÉS, José Alvaro (1979). "Estado, as contradições urbanas e os movimentos sociais". *Revista de Cultura e Política*, São Paulo, CEDEC.

MOISÉS, José Alvaro; MARTINEZ-ALIER, Verena (1977). "A revolta dos suburbanos ou patrão, o trem atrasou". In: Vários autores. *Contradições urbanas e movimentos sociais*. Rio de Janeiro: CEDEC/Paz e Terra, n. 1.

MOORE JR., Barrington (1987). *Injustiça: as bases sociais da obediência e da revolta*. São Paulo: Brasiliense.

NUN, José (1969). "Superpoblación relativa, ejército de reserva y masa marginal". *Revista Latinoamericana de Sociología*, v. 5, n. 2, julho.

O'DONNELL, Guillermo (1988). "Situações: microcenas da privatização do público em São Paulo". *Novos Estudos CEBRAP*, São Paulo, outubro.

_____ (1993). "Sobre o Estado, a democratização e alguns problemas conceituais: uma visão latino-americana com uma rápida olhada em alguns países pós-comunistas". *Novos Estudos CEBRAP*, São Paulo, n. 36, julho.

OLIVEIRA, Francisco de (1977). "Acumulação monopolista, Estado e urbanização: a nova qualidade do conflito de classes". In: Vários autores. *Contradições urbanas e movimentos sociais*. Rio de Janeiro: CEDEC/Paz e Terra, n. 1.

_____ (1972). "A economia brasileira: crítica à razão dualista". *Estudos CEBRAP*, n. 2, São Paulo, outubro.

PAOLI, Maria Celia; TELLES, Vera Silva; SADER, Eder (1984). "Pensando a classe operária: os trabalhadores sujeitos ao imaginário acadêmico". *Revista Brasileira de História*, São Paulo, n. 6.

PIERUCCI, Antonio Flávio (1989). "A direita mora do outro lado da cidade". *Revista Brasileira de Ciências Sociais*, Rio de Janeiro, v. 4, n. 10, junho.

PIRES, Pedro (1990). "La formación de investigadores urbanos en América Latina". In: UNDA, M. (org.). *La investigación urbana en América Latina: caminos recorridos y por recorrer*, v. 2. Quito: Ciudad.

POCHMANN, Marcio (1997). "O emprego e o mercado de ilusões". *Folha de S. Paulo*, 22 de outubro.

PRADILLA, Emilio (1982a). "Autoconstrucción, explotación de la fuerza de trabajo y política del Estado en América Latina". In: PRADILLA, Emilio (org.). *Ensayos sobre el problema de la vivienda en América Latina*. Cidade do México: Universidad Autónoma Metropolitana.

_____ (org.) (1982b). *Ensayos sobre el problema de la vivienda en América Latina*. Cidade do México: Universidad Autónoma Metropolitana.

REVISTA DA FOLHA (1997). São Paulo, 19 de outubro.

RODRIGUES, Alfredo (1983). *Por una ciudad democrática*. Santiago: SUR, Colección Estudios Sociales.

ROLNIK, Raquel; KOWARICK, Lúcio; SOMEKH, Nadia (orgs.) (1990). *São Paulo: crise e mudança*. São Paulo: Brasiliense.

SADER, Eder (1988). *Quando novos personagens entram em cena*. São Paulo: Paz e Terra.

SANCHEZ LEON, Abelardo (1988). "Lima y los hijos del desorden". In: HARDOY, J. E.; MORSE, R. M. (orgs.). *Repensando la ciudad de América Latina*. Buenos Aires: Grupo Editor Latinoamericano/HED.

SANDRONI, Paulo (1981). "As greves cívicas como forma de luta de massas na Colômbia: de Rojas Pinilla (1953-1957) ao Pequeno Bogotazo (1977)". *Espaço & Debates*, n. 3, São Paulo.

SANTOS, Carlos Nelson Ferreira (1980). "Velhas novidades nos modos de urbanização brasileiros". In: VALLADARES, Licia do Prado (org.). *Habitação em questão*. Rio de Janeiro: Zahar.

_____ (1981). *Movimentos urbanos no Rio de Janeiro*. Rio de Janeiro: Zahar.

SANTOS, Milton (1990). *Metrópole corporativa fragmentada: o caso de São Paulo*. São Paulo: Nobel.

SARAIVA, Camila; MARQUES, Eduardo (2005). "As favelas em São Paulo nos anos 2000". In: MARQUES, Eduardo; TORRES, Haroldo (orgs.). *São Paulo: segregação, pobreza e desigualdades sociais*. São Paulo: SENAC, ed. revista e atualizada.

SECRETARIA DA SEGURANÇA PÚBLICA DO ESTADO DE SÃO PAULO (s.d.). São Paulo: Comando do Policiamento Militar/PROAR, mimeo.

Referências bibliográficas

SECRETARIA DO BEM-ESTAR SOCIAL (1975). *Diagnóstico sobre o fenômeno do cortiço no município de São Paulo*. São Paulo: Departamento de Habitação e Trabalho/Prefeitura do Município de São Paulo.

SILVA TELLES, Vera da (1982). *O bairro e a fábrica: a luta dos metalúrgicos em São Paulo*. São Paulo: CEDEC, mimeo.

_____ (1987). "Movimentos sociais: reflexões sobre a experiência dos anos 70". In: WARREN, Ilse; KRISCHKE, Paulo (orgs.). *Uma revolução no cotidiano: os novos movimentos sociais na América Latina*. São Paulo: Brasiliense.

_____ (1990). "A pobreza como condição de vida: família, trabalho e direito entre as classes trabalhadoras urbanas". *São Paulo em Perspectiva*, v. 4, n. 2, abr.-jun.

_____ (1992). *A cidadania inexistente: incivilidade e pobreza. Um estudo sobre o trabalho e a família na Grande São Paulo*. Tese de Doutorado em Sociologia, FFLCH/USP, mimeo.

_____ (1994). "Experiências, práticas e espaços políticos". In: KOWARICK, Lúcio (org.). *As lutas sociais e a cidade: São Paulo, passado e presente*. São Paulo: Paz e Terra, 2ª ed.

_____ (s.d.). "Conclusão". In: KOWARICK, Lúcio (org.). *Modo e condição de vida: uma análise das desigualdades sociais na Região Metropolitana de São Paulo*. São Paulo: CEDEC, mimeo.

SINGER, Paul; BRANT, Vinicius Caldeira (orgs.) (1980). *São Paulo: o povo em movimento*. Rio de Janeiro: Vozes.

SPOSITO, Maurício Pontes (1991). "Morar nos mananciais". In: MEDINA, Cremilda (org.). *Às margens do Ipiranga*. São Paulo: USP/ECA/CJE.

STREN, Richard (org.) (1995). *Urban Research in the Developing World, v. 3: Latin America*. Toronto: Center for Urban and Community Studies/University of Toronto.

TASCHNER, Suzana Pasternak (1997). *Favelas e cortiços no Brasil: 20 anos de pesquisa*. s.l., atualizado em abril, mimeo.

_____ (s.d.). *Conhecendo a cidade informal*. s.l., mimeo.

TASCHNER, Suzana Pasternak; MAUTNER, Yvonne (s.d.). *Alternativas habitacionais para a população de baixa renda*. São Paulo: FAU-USP, mimeo.

TEIXEIRA, Adriana B. (1991). "Vila Califórnia: as voltas do rio não inspiram os homens". In: MEDINA, Cremilda (org.). *Às margens do Ipiranga*. São Paulo: USP/ECA/CJE.

THOMPSON, Edward P. (1977a). *Tradición, revuelta y conciencia de clase: estudios sobre la crisis de la sociedad preindustrial*. Barcelona: Crítica.

_____ (1977b). *La formación histórica de la clase obrera*. Barcelona: LASA.

_____ (1981). *A miséria da teoria ou um planetário de erros*. Rio de Janeiro: Zahar.

TOPALOV, Christian (1979). *La urbanización capitalista*. Cidade do México: Edicol.

VALLADARES, Licia do Prado (org.) (1980). *Habitação em questão*. Rio de Janeiro: Zahar.

WEIL, Simone (1979). *A condição operária e outros estudos sobre a opressão*. Rio de Janeiro: Paz e Terra.

Referências bibliográficas

ESTE LIVRO FOI COMPOSTO EM SABON PELA
BRACHER & MALTA, COM CTP DA FORMA
CERTA E IMPRESSÃO DA BARTIRA GRÁFICA E
EDITORA EM PAPEL ALTA ALVURA 90 G/M^2
DA CIA. SUZANO DE PAPEL E CELULOSE PARA
A EDITORA 34, EM AGOSTO DE 2009.